JAHRBUCH 80
Mächte · Märkte · Menschen
H. Meyer-Hartmann

Gerstenberg Verlag

Das Jahrbuch '80 wurde am 31. Oktober redaktionell abgeschlossen. Die Monate November und Dezember erfaßt das nächste Jahrbuch.

© Gerstenberg Verlag,
Hildesheim 1980
Herausgeber:
Dr. Bruno Gerstenberg
Redaktion:
H. Meyer-Hartmann, Text und Bild
Gestaltung:
pietsch grafik g.m.b.h.,
W. J. Dietrich
Gesamtherstellung:
Druckhaus Gebr. Gerstenberg, Hildesheim
ISBN 3-8067-8080-3

Zur ersten Ausgabe

Wir leben in einer hektischen Zeit. Täglich stürzen die Meldungen der Zeitungen und der anderen Medien auf uns ein. Was heute von großer Bedeutung ist, wird morgen von neuen Nachrichten verdrängt und vergessen sein.

Aber unser Leben besteht nicht nur aus dem Heutigen. Es bedarf der Erinnerung und Sammlung. Diese Aufgabe hat sich der vorliegende Band von „Jahrbuch '80" gestellt. Er will die größeren Zusammenhänge der vergangenen zwölf Monate deutlich werden lassen. Die zeitliche Zuordnung der Geschehnisse soll aus dem pulsierenden Tagesgeschehen herausgehoben werden. Ursachen und Auswirkungen der Ereignisse erscheinen aus der zeitlichen Distanz in einem helleren Licht.

Eine Auswahl der besten Pressefotos hilft, die Ereignisse in Erinnerung zu rufen. Und der knapp gehaltene Text soll Überleitung und Erläuterung zugleich sein. Dadurch wird das Spannungsdreieck „Mächte – Märkte – Menschen" ausgeleuchtet.

Der Gerstenberg Verlag glaubt sich zu dieser Ausgabe besonders berufen, denn unter seinem Dach erscheint die älteste Tageszeitung der Bundesrepublik, bereits im 275. Jahrgang. Die Erfahrungen des Zeitungsjournalisten haben im „Jahrbuch '80" eine Darstellung von bleibendem Wert gefunden.

Dr. Bruno Gerstenberg

Bild-Verzeichnis

November

Stürmung d. US-Botschaft in Teheran
US-Geisel in Teheran/dpa
Große Moschee von Mekka/dpa
Hunger in Kambodscha/ap
Papst auf Reisen (Türkei)/ap
König von Tonga zu Besuch/Sven Simon
Besuch Gromykos/Sven Simon
NDR-Staatsvertrag gescheitert/dpa
Christina von Opel verurteilt/dpa
Miss World 79/Keyst.
Frankreichs meistgesuchter Verbrecher erschossen/ap
Ravens Oppositionsführer/Archiv
Remmers greift durch/Archiv
Prinzessin Victoria kann Thronfolgerin werden/dpa

Dezember

Russen-Invasion in Afghanistan/dpa
Schah muß Mexiko verlassen/dpa
Weihnachten in Teheran/dpa
SPD-Parteitag in Berlin – Nachrüstung/dpa
Bundestagswahlkampf im Parlament/dpa
Friedensnobelpreis für Mutter Teresa/ap
Kluncker für 30 Tage Urlaub im Jahr/ap
Hitchcock „Sir Alfred"/dpa
Hans Küng darf nicht mehr lehren/ap
Carlo Schmid verstorben/Sven Simon
Die Schallmauer auf dem Lande durchbrochen/ap
Karl Carstens wandert/HAZ
Julis Brown/dpa

Januar

Abstimmung in UN-Sicherheitsrat/dpa
Waldheim in Teheran/dpa
Wahlsieger: Bani Sadr/dpa
Brückeneinsturz in Schweden/dpa
Winter in Deutschland/dpa
Tito erkrankt/dpa
Sacharow festgenommen/dpa
Joy Adamson ermordet/dpa
Paul McCartney und Rauschgift/dpa
„Wehrsportgruppe Hoffmann" fliegt auf/dpa
Bohrung in Gorleben/Heidorn
Kernkraftwerk Grundremmingen/dpa
Mildred Scheel und Krebshilfe/Sven Simon
Sven Simon nimmt sich das Leben/dpa
Rudi Dutschke gestorben/dpa
Generalmajor Bastian wird versetzt/dpa

Februar

Flugzeugabsturz in Manila/dpa
Bankräuber nimmt Geisel
Iran, Frauen an die Waffen/ap
Befreiungskampf in Afghanistan/dpa
Opernball in Wien/dpa
Olympia Eröffnungsfeier/dpa
Rodeln/dpa
Eric Heiden/dpa
Sonnenfinsternis in Afrika/ap
Unwetter in Deutschland/Sven Simon
Trudeau gewinnt Wahl/dpa
Kokoschka verstorben/ap
Schuhmoden/ap
Rotary-Club wird 75 Jahre/dpa
Miss Filmfestspiele Berlin/dpa
Prinzessin Ortrud von Hannover verstorben/Hauschild
Barzel/Die

März

Bohrinsel gekentert/ap
Späth bleibt Ministerpräsident/dpa
Parteitag der Grünen/ap
Eppler tritt zurück/dpa
Wahl in Rhodesien/dpa
Streik in Stuttgart/ap
Streiks in England/Keystone
Alpha Jet in Dienst gestellt/dpa
Schah-Ankunft in Kairo/ap
UN-Kommission in Teheran/dpa
Kabul, Kampf gegen Rebellen/dpa
Ölpest/dpa
Herbst- und Wintermode/Keystone
Hunger in Somalia/dpa
Knef „neues Gesicht"/ap
Mit Kind zum Wehrdienst/ap
Rosalynn Carter/dpa
Bischof Romero erschossen/dpa
Hoegner verstorben/dpa
Regierungssprecher heiratet/dpa
M. Ali boxt wieder/dpa
Winifred Wagner verstorben/dpa
Thatcher/dpa

April

Mißglückter Befreiungsversuch/ap
Hannover-Messe/HAZ
Zigeuner im Hungerstreik/ap
Flucht aus Kuba/dpa
Frauen nach Gorleben/Heidorn
Straßenschlacht in Frankfurt/dpa
Matthöfer/ap
Saarland-Wahl, knapp geschafft/dpa
Schnee in Bayern/dpa
Bayerischer Nationalpark/ap
Madame Tussaud/Archiv
Rollschuhlaufen/dpa
Beatrix neue Königin/dpa
Köppler, Tod im Wahlkampf/dpa
Jean-Paul Sartre/dpa/ap
Blinder zum Nordkap/ap
Ingrid van Bergen/dpa

Mai

Ausbruch St. Helen/dpa
Bremen-Krawalle/ap/dpa
Titos Tod/dpa
NRW-Wahlen/dpa
Kongreßhalle eingestürzt/dpa
„Freies Wendland"/dpa
Unruhen in Süd-Koreo/dpa
Streik in Schweden/dpa
Starfighter abgestürzt/dpa
Miami Rassenunruhen/dpa
Papst in Afrika/dpa
Rücktritt Weizmans/dpa
Inge Meysel 70 Jahre/Sven Simon
Patty Hearst/dpa
Besteigung „Miss Liberty"/ap
Bayern München Deutscher Meister/Sven Simon
Gunnar Möller verurteilt/dpa
H. Fredersdorf tritt zurück/dpa
Rodenstock BDI-Präsident/dpa

Juni

Polizeieinsatz Gorleben/Heidorn
Entlassungen bei Opel/dpa
Katholikentag in Berlin/dpa
Gipfel in Venedig/dpa
Kambodschaflüchtlinge/dpa
Kubaner in Auffanglagern/dpa
Unruhen in Südafrika/dpa
Kermit Filmstar/dpa
Bonn baut/dpa
Unruhen in Zürich/Keystone
Militarymeisterschaft/Archiv
Rosi und Christian heiraten/Sven Simon
Zlof verurteilt/dpa
Kaempfert tot/Sven Simon
Neuer Juso-Vorsitzender/Sven Simon
Hochzeit Thurn und Taxis/dpa
Ein neuer „Engel"/dpa
Maury-Laribiere entführt/dpa
Henry Miller tot/dpa
Saja Ghandi abgestürzt/dpa
Amy Carter in Rom/dpa

Juli

Olympiade Moskau/dpa
Entführung
Kronzucker/Wächtler/ap
Flucht im Rübenbomber/dpa
Schah tot/dpa
Hitzewelle in den USA/dpa
Laila in Kopenhagen/dpa
Stierkampf/dpa
Stau auf Autobahnen/dpa
Braunschweiger Burglöwe/dpa
Asylantenstrom/dpa
Björn Borg Sieger/Sven Simon
Billy Carter/dpa
Loki Schmidt/ap
Keine Atlantiküberquerung/ap
Plambeck und Beer tödlich
verunglückt/dpa
Achmed Schah – König/ap
Frauenrechtlerin wird
Präsidentin/dpa
Thurau Doping-Verdacht/
Sven Simon
Thaddäus Troll verstorben/dpa

August

Streik in Polen/dpa
Terror in Bologna/dpa
Wirbelsturm Allen/dpa
Flugzeugunglück in Riad/HAZ
Fischer blockieren Häfen/dpa
Irland – IRA/dpa
Neue Ehrenzeichen/dpa
„Teddy" Kennedy/ap
Russ. Atom-U-Boot/dpa
Windjammer-Parade/dpa
Horst Mahler frei/dpa
Elbeseitenkanal/Heidorn
Mode/dpa
Carolines Scheidung/dpa
Wernher von Braun/
Sven Simon
Werner Machnik/dpa
El Córdobes verletzt/dpa
Prinzessin Margaret
50 Jahre/dpa
Rosa Albach-Retty
105 Jahre/dpa
Lilian Carter/Sven Simon
Alfred Neubauer,
Mercedes/dpa
Pastor Wagner/dpa
Rummenigge/Sven Simon

September

Krieg Irak-Iran/dpa
Tod auf dem Oktoberfest/dpa
Reichsbahner streiken/dpa
UN-Präsident:
von Wechmar/dpa
Militär-Putsch in Türkei/dpa
Polen, Streik erfolgreich/dpa
Demonstration gegen Manöver
Partnerlook/dpa
Krawalle in Zürich/Archiv
Sprengung Wolkenkratzer/dpa
Gedächtniskirche Berlin/Die
Auf dem Flugzeug
nach Amerika/da
Farah Fawcett und Ryan
O'Neill/ap/dpa
Sophia Loren/Sven Simon
Kim Dae Jung/dpa
Hochzeit bei Pontis/Archiv
Max Schmeling 75 Jahre/
Sven Simon
Paul Schockemöhle/
Sven Simon

Oktober

FDP ist Wahlsieger/ap
Mauer, der Graben
wird tiefer/dpa
Protest gegen
Startbahnbau/dpa
Kronzucker-Kinder
zurück/dpa
Die Erde bebt/dpa/ap
Bilbao: Explosionsunglück/
dpa
Seenot, Prinsendam/dpa
Goldfund/ap
Mode/dpa
Almabtrieb/dpa
Frisuren/Archiv
Rücktritt Kossygin/Sven Simon
Elizabeth II. beim Papst/dpa
Leisler-Kiep nach Bonn/dpa
Mutter Teresa/dpa
M. Ali verprügelt/dpa
Hochzeit bei Ford/dpa
„Carlo" heiratet/dpa

Umschlagfotos Vorderseite

Strauß/Schmidt/ap
St. Helen/ap
Streik in Polen/dpa

Rückseite

Papst in Mexiko/ap
Olympiade Moskau/dpa
Flucht übers Meer/ap

November

Ayatollah Khomeini beginnt den Nervenkrieg mit den Vereinigten Staaten von Amerika. Der moslemische Religionsführer billigt die Besetzung der amerikanischen Botschaft in Teheran. Die fanatischen Besetzer fordern die Auslieferung des ehemaligen Schahs Reza Pahlewi, der in einem New Yorker Krankenhaus operiert werden soll. Die Besetzer drohen, die 60 amerikanischen Botschaftsangehörigen zu erschießen, falls Amerika eine Befreiungsaktion mit militärischen Mitteln unternehmen sollte. Ministerpräsident Mehdi Bazargan erklärt wegen seiner Machtlosigkeit den Rücktritt. Der demokratische Senator Edward Kennedy erklärt in Boston (USA) seine Kandidatur für die Präsidentschaftswahlen. Er wirft seinem Rivalen, dem Präsidenten Jimmy Carter, völliges Versagen vor. Der Sicherheitsrat der Vereinten Nationen (UN) verlangt mit größtem Nachdruck die unverzügliche Freilassung der in Teheran gefangengehaltenen US-Botschaftsangehörigen.

November

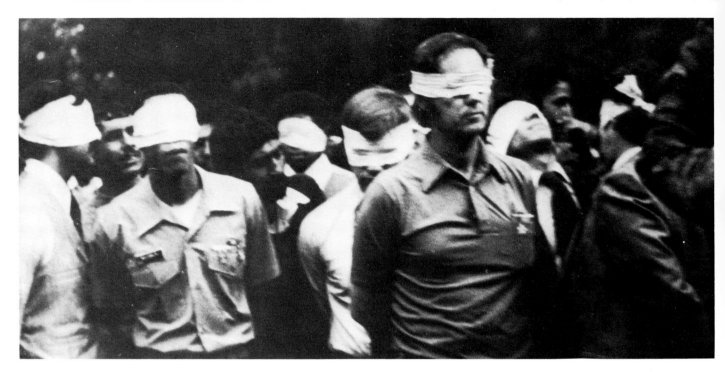

Die Familie des ehemaligen Schahs kann in New York keinen Schritt ohne Leibwächter tun.
Die iranische Revolutionsregierung kündigt an, ihre Guthaben in Höhe von 12 Milliarden Dollar aus den USA abzuziehen. Präsident Carter ordnet dagegen an, daß alle dem iranischen Staat gehörenden Vermögen in den USA einzufrieren sind. Er verlangt die bedingungslose Freilassung der amerikanischen Geiseln und ruft den internationalen Gerichtshof in Den Haag an.

Angeblich religiöse Fanatiker besetzen die Große Moschee von Mekka, dem bedeutendsten Heiligtum des Islams. Sie halten rund 50 Geiseln in ihrer Gewalt. Am dritten Tag beschießen und stürmen saudiarabische Truppen die Moschee.

November

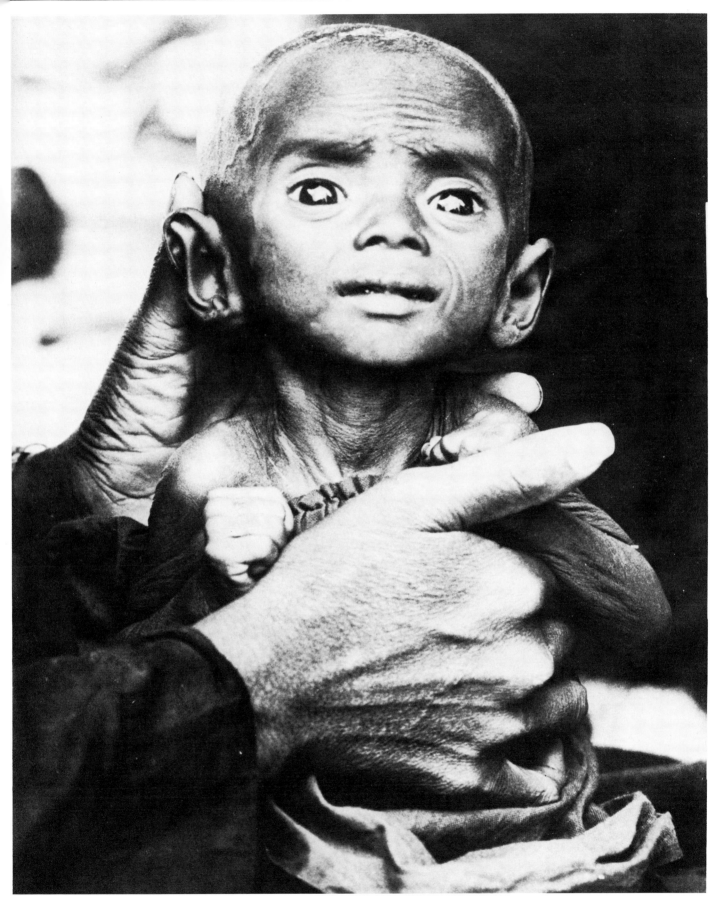

Bilder von verhungernden Kindern gehen um die Welt. Das Deutsche Rote Kreuz (DRK) schlägt vor, die notleidende Bevölkerung von Kambodscha durch eine Luftbrücke zu versorgen, um die Hungerkatastrophe wirksam bekämpfen zu können.

November

Papst Johannes Paul II. besucht drei Tage die Türkei, in der die Katholiken neben den Moslems eine kleine Minderheit sind. Auf dem Flugplatz Ankara wird der Papst vom türkischen Ministerpräsidenten Fahri Kurutürk empfangen.

Der König des in der Südsee liegenden Inselreichs Tonga, Taufa' ahau Topou IV., kommt zu einem mehrtägigen Staatsbesuch in die Bundesrepublik. Er wird von Bundespräsident Karl Carstens empfangen. Bonn will in Tonga eine Seefahrtschule errichten und betreiben sowie ein Fährschiff finanzieren.

November

Der sowjetische Außenminister Andrej Gromyko ist in Bonn. Bundesaußenminister Hans-Dietrich Genscher zeigt sich nach drei Gesprächen überzeugt, daß sich die UdSSR mit dem NATO-Plan abgefunden hat, die Produktion neuartiger US-Atomwaffen als Gegengewicht gegen sowjetische Waffensysteme für den Mittelstreckenbereich zu beschließen. Noch am Anfang des Monats hatten die Westexperten im Zentralkomitee der KPdSU Falin und Sagladin mit Gegenmaßnahmen gedroht, falls der Westen neue Raketen installiere.

Im niedersächsischen Schneverdingen scheitern die Staatsvertragsverhandlungen über den Norddeutschen Rundfunk (NDR) endgültig. Die CDU-Ministerpräsidenten Ernst Albrecht (Niedersachsen) und Gerhard Stoltenberg (Schleswig-Holstein) wollen eine gemeinsame Anstalt gründen. Hamburgs erster Bürgermeister Hans-Ulrich Klose (SPD) will die Entscheidung über eine Klage beim Bundesverwaltungsgericht abwarten.

November

Gines Swaison aus Bermuda wird Miß World 1979.

Christina von Opel, Millionenerbin, wird vom Landgericht im französischen Draguignan schuldig befunden, zweieinhalb Tonnen Haschisch aus dem Libanon nach Frankreich geschmuggelt zu haben. Das Gericht verurteilt sie zu zehn Jahren Freiheitsstrafe und 215 000 Mark. Sie muß außerdem mit einer Zollstrafe in Höhe von 4,3 Millionen Mark rechnen.

Frankreichs meistgesuchter Verbrecher ist tot. Jagues Mesrine (43), „Staatsfeind Nr. 1", wird von einem Großaufgebot der Polizei im Pariser Vorort an der Porte de Chignaucourt gestellt und mit Schüssen aus Maschinenpistolen niedergestreckt.

November

Karl Ravens, SPD, Oppositionsführer im Niedersächsischen Landtag, wird mit nur einer Gegenstimme bei drei Enthaltungen und 190 Ja-Stimmen zum ersten Vorsitzenden des neuen SPD-Landesverbandes gewählt. Stellvertreter wird der ehemalige Kultusminister Peter von Oertzen.

Der niedersächsische Kultusminister Werner Remmers (CDU) suspendiert sieben Lehrer, darunter den Vorsitzenden der Lehrergewerkschaft (GEW), Galas, vom Dienst. Das Hamburger Verwaltungsgericht hatte einen Warnstreik der Lehrer untersagt. Die Lehrer fordern die 40-Stunden-Woche in Anpassung an den öffentlichen Dienst.

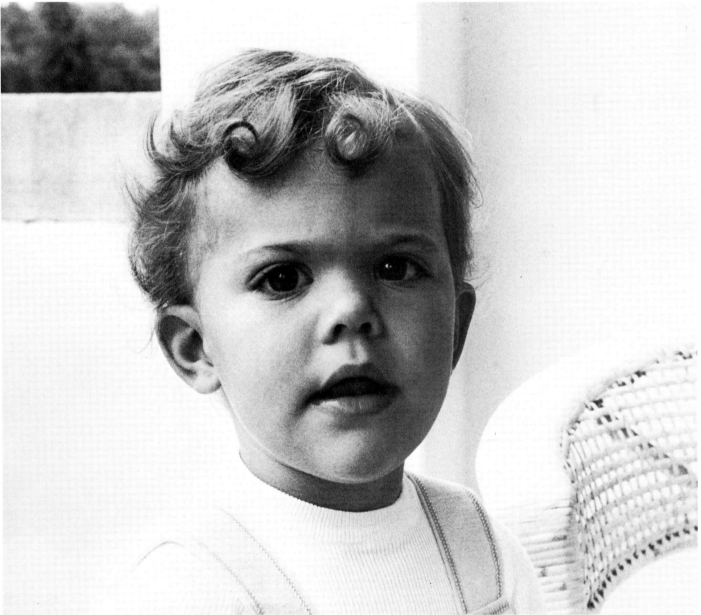

Der schwedische Reichstag beschließt in Stockholm die volle kognatische Thronfolge. Die jetzt zweijährige Prinzessin Victoria kann nach diesem Beschluß später Nachfolgerin auf dem Thron König Carls XVI. Gustaf werden.

Kriegsfurcht befällt die Welt. Während im Westen die Kerzen an den Weihnachtsbäumen brennen, beginnt die Sowjetunion mit zunächst 40 000 Soldaten eine Invasion in Afghanistan. Die 105. Garde-Luftlandedivision besetzt die Hauptstadt Kabul und die Städte Kandahar, Herat und Shindand. Gleichzeitig dringen Kampftruppen mit Schützenpanzern und Kampfpanzern T-62 auf dem Landweg in den Süden des Landes vor. Bereits zu Beginn des Monats waren rund 4000 sowjetische Soldaten als „Berater" in Afghanistan und griffen, zum Teil als Hubschrauberpiloten, die Widerstandskämpfer in den Bergdörfern an. Staatschef Hafizullah Amin, der die Sowjetunion angeblich um Hilfe gerufen hatte, wird wenige Stunden nach seiner Absetzung wegen „Verbrechen gegen das afghanische Volk" umgebracht. Seinen Nachfolger, Babrak Karmal, bringen die sowjetischen Soldaten mit.

Der amerikanische Präsident Carter vergleicht die Invasion mit denen der Sowjetunion in Aserbeidschan (1940), Ungarn (1956) und der Tschechoslowakei (1968). Über den heißen Draht droht Carter dem sowjetischen Staats- und Parteichef Breschnew mit ernsten Konsequenzen.

Dezember

Die mexikanische Regierung erklärt, daß sie den ehemaligen Schah nicht mehr in ihr Land zurückkehren lassen will. Der ägyptische Staatspräsident Mohammed Anwar as Sadat erneuert sein Asylangebot für Reza Pahlewi. US-Außenminister Cyrus Robert Vance sucht auf einer Blitzreise durch Europa die Mitwirkung der Verbündeten, falls Präsident Carter durch eine Handelsblockade gegen den Iran die Freigabe der Geiseln erzwingen will.

Alle 15 Nato-Außenminister verurteilen in Brüssel scharf die Geiselnahme in Teheran und fordern, die Amerikaner unverzüglich freizulassen. Auch der internationale Gerichtshof in Den Haag fordert die iranische Regierung auf, die Geiseln sofort freizugeben. Der Schah reist überraschend aus den Vereinigten Staaten nach Panama ab. Irans Außenminister Ghotbzadeh kündigt den amerikanischen Botschaftsangehörigen zum Weihnachtsfest den Spionageprozeß an. Präsident Carter fordert die sofortige Einberufung des Sicherheitsrates der Vereinten Nationen (UN). Der Sicherheitsrat soll wirtschaftliche Strafmaßnahmen gegen den Iran beraten.

Beim Weihnachtsgottesdienst werden in Teheran nur 43 Geiseln gezählt. Es besteht Unklarheit über ihre genaue Zahl. Die Gefangenen sind nicht mehr gefesselt. Khomeini stellt ihre Freilassung selbst dann in Aussicht, wenn ein internationales Tribunal sie der Spionage für schuldig befinden sollte.

Dezember

Der SPD-Parteitag billigt mit knapper Zweidrittelmehrheit die Vorstellungen des Parteivorstandes zur friedlichen Nutzung der Kernenergie. Die heimische Kohle soll aber bei der deutschen Energieversorgung noch größeren Vorrang haben. Willi Brandt wird mit dem schlechtesten Ergebnis seit seiner Wahl im Jahre 1964 in seinem Amt als Parteivorsitzender bestätigt. Bundeskanzler Helmut Schmidt erringt einen Erfolg auf dem Parteitag. Die Delegierten sprechen sich mit klarer Mehrheit für Nato-Pläne aus, die amerikanischen Atomwaffen in Westeuropa zu modernisieren. Nur vierzig von 436 Delegierten sind dagegen.

Die Modernisierung amerikanischer Atomwaffen in Westeuropa – auch „Nachrüstung" genannt – umfaßt bessere Pershing-Raketen und den neuen Marschflugkörper (Cruised Missile). Er soll die Antwort der Nato auf die Einführung des sowjetischen Langstreckenbombers „Backfire" und der Mittelstreckenrakete SS-20 sein, die bei ihrer Reichweite ganz Westeuropa in ihr Zielgebiet einschließt.

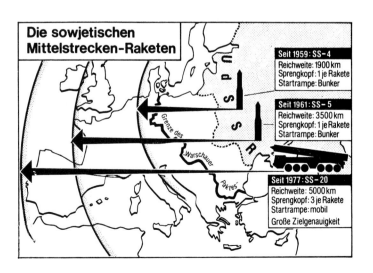

Dezember

Der Bundestagswahlkampf beginnt im Bundestag. Es kommt zu einem scharfen Rededuell zwischen Bundeskanzler Helmut Schmidt und seinem Herausforderer, dem CDU/CSU-Kanzlerkandidaten Franz-Joseph Strauß. Strauß: Der Kanzler ist handlungsunfähig. Schmidt: Die CDU/CSU ist ohne Konzept. Helmut Schmidt, passionierter Tabakschnupfer, erhält von seinem Vize, dem Bundesaußenminister Hans-Dietrich Genscher, auf der Regierungsbank Schnupfhilfe.

Dezember

Mutter Teresa, katholische Ordensschwester aus den indischen Elendsgebieten von Kalkutta, erhält in der Aula der Universität Oslo den Friedensnobelpreis. Die „Engel der Armen" genannte Nonne lehnt das traditionelle Bankett im Anschluß an die Preisverleihung ab. Den Preis in Höhe von 340 000 Mark will sie für den Bau eines Heimes für Leprakranke verwenden.

Der Vorsitzende der Gewerkschaft Öffentliche Dienste, Transport und Verkehr (ÖTV), Heinz Kluncker (neben ihm Vorstandsmitglied Merten), fordert in Bonn einen einheitlichen – von Einkommen und Lebensalter unabhängigen – Erholungsurlaub von 30 Tagen im Jahr für den öffentlichen Dienst. Kluncker räumt ein, daß das Ziel nicht auf Anhieb zu erreichen ist.

Alfred Hitchcock (80), Meister spannender Kriminalfilme, wird von Königin Elizabeth in den Ritterstand erhoben. Die Anrede des Sohnes eines Obst- und Gemüsehändlers aus East London lautet jetzt offiziell „Sir Alfred".

Hans Küng, Theologieprofessor an der Universität Tübingen, wird von der vatikanischen Glaubenskongregation die Lehrbefähigung entzogen. Begründung: Küng habe sich in seinen Veröffentlichungen vom katholischen Glauben entfernt.

Dezember

Prof. Carlo Schmid, langjähriger Bundestagsvizepräsident, stirbt im Alter von 83 Jahren an Krebs. Der Aufbau der Republik ist mit seinem Namen eng verbunden. Als Mitglied des Parlamentarischen Rates war er führend an der Ausarbeitung und Gestaltung des Grundgesetzes der Bundesrepublik Deutschland beteiligt. Mit einem Staatsbegräbnis wird der Verstorbene geehrt.

Dezember

Auf dem ausgetrockneten Bett des Rogers See in Kalifornien durchbricht zum ersten Male ein Mensch auf dem Land die Schallmauer. Der 36jährige Sensationsdarsteller Stan Barrett aus Hollywood erreicht mit einem 1,6 Millionen Mark teuren Spezialauto die Geschwindigkeit von 1190,123 km/h. Er ist damit 200 km/h schneller als der offizielle Rekordhalter Gery Gabelich. Die Geschwindigkeit wird durch eine Abfangjäger-Rakete vom Typ Sidewinder erreicht, die einen Schub von mehr als 60 000 PS erzeugt. Nach einigen Sekunden Höchstgeschwindigkeit bremst Stan Barret das Fahrzeug mit Bremsfallschirmen ab, klettert ohne fremde Hilfe aus dem Cockpit und spricht ein Gebet.

Julis Brown, 20 Jahre alt, aus Wales stammend, wird im Empire Ballroom in London „Disco-Weltmeister 1979". Sie tanzte gegen 32 Mitbewerber und kassiert am Ende Preise im Wert von 40 000 Mark.

Bundespräsident Karl Carstens, Prof. Dr., lernt die Bundesrepublik auf seine Art kennen. Zünftig erwandert er das Land. Politiker und Lokalmatadoren, die ihn von Gemeinde- zu Gemeindegrenze begleiten, haben oft Mühe, mit dem flotten Tempo des Präsidenten Schritt zu halten.

Das militärische Eingreifen der Sowjetunion in Afghanistan führt zu einer schweren Krise zwischen West und Ost. US-Präsident Carter bezichtigt den sowjetischen Staats- und Parteichef Leonid Breschnew der Lüge. Der Nato-Rat in Brüssel erörtert auf einer Sondersitzung als mögliche westliche Schritte einen Boykott der Olympischen Spiele sowie die Einstellung der Weizenlieferung und der Kredite an die UdSSR. Die USA kürzen drastisch ihre Getreidelieferungen, stoppen den Export von Computeranlagen und Ölbohreinrichtungen und erwägen den Boykott der Olympischen Spiele in Moskau. Um Preisstürze zu verhindern, werden die Getreidebörsen in Amerika geschlossen. Die Vollversammlung der Vereinten Nationen (UN) behandelt in einer Dringlichkeitssitzung den sowjetischen Einmarsch in Afghanistan. Der chinesische Botschafter Chen Chu vergleicht das Vorgehen Moskaus mit Hitlers Invasion zu Beginn des 2. Weltkrieges. Die Debatte muß verlängert werden, weil viele Staaten in der Vollversammlung zu Wort kommen wollen. Dann verurteilen 104 bei 18 Gegenstimmen und 18 Enthaltungen den Einmarsch in Afghanistan und fordern den Abzug aller fremden Truppen aus dem Land. Radio Moskau bezeichnet die Abstimmung als offenkundige Einmischung in die Angelegenheiten eines souveränen Staates. Der amerikanische Präsident wiederholt seine Ansicht, daß die Olympischen Sommerspiele verlegt, verschoben oder abgesagt werden sollten, wenn Moskau nicht innerhalb eines Monats seine Truppen aus Afghanistan zurückzieht.

Der sowjetische UN-Botschafter Oleg Trojanowski blockiert durch ein Veto eine Resolution des Weltsicherheitsrates, in der ein bedingungsloser und sofortiger Abzug sowjetischer Truppen gefordert wird.

Januar

UN-Generalsekretär Kurt Waldheim trifft in Teheran ein. Er will sich um die Freilassung der amerikanischen Geiseln bemühen. Die Besetzer der Botschaft wollen mit ihm nichts zu tun haben. Sie lehnen ein Treffen ab. Tausende von Demonstranten vertrieben den Generalsekretär vom Teheraner Hauptfriedhof, wo er der Opfer der Schah-Diktatur gedenken wollte. Vorzeitig und erfolglos bricht der ranghöchste Beamte der Vereinten Nationen seinen Besuch in Teheran ab. Weder gelang es ihm eine Geisel zu sprechen, noch wurde er von Khomeini empfangen. Im UN-Sicherheitsrat legt die Sowjetunion ihr Veto gegen einen Entschließungsantrag ein, in dem wirtschaftliche Sanktionen gegen den Iran gefordert werden. Die USA kündigen eigene Maßnahmen an, möglicherweise eine Blockade des Persischen Golfes. Erste Berichte sprechen vom Aufmarsch sowjetischer Truppen an der iranischen Grenze. Vor beiden Häusern des Kongresses warnt Präsident Carter die Sowjetunion, ihre Macht auf die für die westliche Welt lebensnotwendigen Erdölgebiete am Persischen Golf auszudehnen. Carter droht mit dem Einsatz von Streitkräften und verkündet zugleich die Wiedereinführung der Registrierung von Wehrdienstfähigen (Carter-Doktrin). Kritiker behaupten, die amerikanischen Streitkräfte, eine Berufsarmee, seien einer Herausforderung nicht gewachsen.

Bani Sadr, bislang Wirtschafts- und Finanzminister des Iran unter Khomeini, erklärt sich – noch bevor alle Stimmen ausgezählt sind, zum Sieger der ersten Präsidentschaftswahlen des Landes. Er meint, die Geisel-Affäre könne leicht gelöst werden.

Januar

Der liberianische Frachter „Star Clipper" (16 500 BRT) rammt bei dichtem Nebel den Pfeiler der 500 Meter langen Brücke, die die westschwedische Insel Tjörn mit dem Festland verbindet. Zeugen berichten, daß mindestens sechs Personenwagen und ein Lastzug auf der Brücke waren, als sie riß. Die Fahrzeuge stürzten in das 40 Meter tiefe Wasser. Die Brücke wird täglich von 12 000 Fahrzeugen überquert.

Januar

In der Bundesrepublik sinken die Temperaturen auf den tiefsten Stand des Winters. Bayern meldet 22 Grad minus. Der Mittellandkanal wird gesperrt. Seine Eisdecke ist 15 Zentimeter stark. Südeuropa versinkt im Schnee. In Athen stirbt ein 25jähriger am Kälteschock. In der Türkei fehlt es an Brennmaterial. Spanien meldet Frostschäden in Höhe von rund 180 Millionen Mark. Die Wintercamper versinken in Eis und Schnee.

Januar

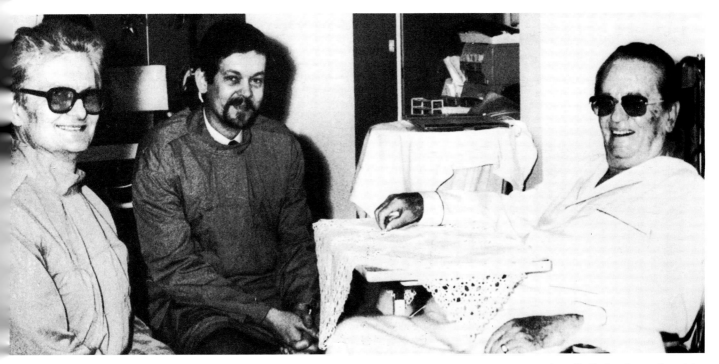

Josip Broz Tito, 87, jugoslawischer Staats- und Parteichef, wird mit Durchblutungsstörungen in das Klinikzentrum in Ljubljana eingewiesen. Ihm wird das linke Bein amputiert. Der Allgemeinzustand nach der Operation wird im amtlichen Bulletin als gut bezeichnet.

Der sowjetische Staatssicherheitsdienst nimmt den sowjetischen Bürgerrechtler und Friedensnobelpreisträger Andrey Sacharow in Moskau auf offener Straße fest. In der Regierungszeitung „Iswestija" wird mitgeteilt, daß Sacharow alle Auszeichnungen und Ehrungen aberkannt worden sind. Sacharow und seine Ehefrau Jelena genossen aufgrund des hohen Ansehens des Nobelpreisträgers Privilegien. In ihrer Moskauer Wohnung konnten sie jederzeit ausländische Korrespondenten empfangen. Der „Vater der sowjetischen Wasserstoffbombe" war dreifacher „Held der sozialistischen Arbeit" und Träger des Staatspreises.

Joy Adamson, 69jährige Naturforscherin und Schriftstellerin, ist nicht, wie zunächst bekannt wurde, von einer Löwin getötet, sondern Opfer eines Verbrechens geworden. Die gebürtige Österreicherin ist Millionen Menschen durch ihre Bücher über die Löwin „Elsa" bekannt.

Paul McCartney, ehemaliger Beatle, muß wegen Marihuanabesitzes zehn Tage ins Gefängnis und wird dann aus Japan ausgewiesen. Auf dem Amsterdamer Flughafen verweigert ihm, seiner Frau Linda und den drei Kindern die holländische Polizei die Einreise. Die Familie fliegt daraufhin in einem privaten Jet nach Schottland weiter.

Januar

Um sechs Uhr morgens hebt die Polizei überraschend in Bayern, Hessen und Baden-Württemberg die „Wehrsportgruppe Hoffmann" aus. Bei den Mitgliedern der als neonazistisch eingestuften Gruppe werden Uniformen, Waffen und Munition beschlagnahmt. Bundesinnenminister Gerhart Rudolf Baum teilt mit, daß die rund 400 Mitglieder starke Organisation des 42jährigen Grafikers Karl Heinz Hoffmann in zunehmenden Maße Bereitschaft zu Gewaltaktionen gezeigt habe.

Der in den Jahren 1962 und 1966 gebaute Block A des Atomkraftwerks Grundremmingen an der Donau wird nach dem Kernkraftwerk Niederaichbach bei Landshut die zweite Atomruine in der Bundesrepublik. Grundremmingen war nach einer Störung im Jahre 1977 stillgelegt worden. Die Kosten in Höhe von 250 Millionen Mark für Sicherheitseinbauten sind zu hoch.

Bei Gorleben beginnen die Tiefbohrungen, um in rund 2000 Meter Tiefe die Struktur des Salzstocks und seine Eignung als Lagerstätte für Atommüll zu untersuchen. Der Bohrplatz wird mit vier Meter hohen Betonwänden gesichert. Bei sieben Grad unter Null frieren rund 100 Demonstranten. Es kommt zu keinen ernsthaften Zwischenfällen.

Januar

Mildred Scheel, Präsidentin der Deutschen Krebshilfe, Ehefrau des früheren Bundespräsidenten Walter Scheel, hat Krach mit den Ärzten. Das Deutsche Ärzteblatt fragt, ob der „Werberummel" um die Krebshilfe nicht mehr Schaden als Nutzen angerichtet habe.

Axel Springer jun., 38, erschießt sich in einem Hamburger Park. Der Sohn des Hamburger Zeitungsverlegers war unter dem Namen Sven Simon bekannt geworden und zuletzt einer der Chefredakteure der „Welt am Sonntag".

Gert Bastian, 57, Generalmajor, Kommandeur der 12. Panzerdivision in Veitshöchheim, wünscht, in den einstweiligen Ruhestand versetzt zu werden. Er könne die Entscheidung zur Nachrüstung der Nato nicht mittragen. Bundesverteidigungsminister Hans Apel lehnt ab und versetzt den General zum Heeresamt.

Rudi Dutschke, 39, früherer Studentenführer, Idol der sogenannten außerparlamentarischen Opposition (Apo), wird in Berlin-Dahlem beigesetzt. Er war Weihnachten in einer Badewanne ertrunken. Am 11. April 1968 war Dutschke von dem 23jährigen Josef Erwin Bachmann in Berlin auf offener Straße niedergeschossen und lebensgefährlich verletzt worden. Der Anschlag hatte in der ganzen Welt Aufsehen erregt und zum Teil zu gewalttätigen Demonstrationen in deutschen Städten geführt. Dutschke hatte zuletzt einen Lehrauftrag an der dänischen Universität Aarhus.

Der Alptraum aller Flugreisenden wird Realität. Beim Landeflug auf dem philippinischen Flugplatz Manila verliert eine Boeing 707 zwei ihrer vier Triebwerke, prallt auf die Landepiste und explodiert. Es ist wie ein Wunder. Alle 135 Passagiere können sich lebend aus dem Flugzeug der taiwanesischen China Airlines retten. 94 werden gar nicht oder nur leicht verletzt. Zwei erliegen später ihren Verletzungen.

Februar

In der kalifornischen Stadt Redondo Beach dringt ein Räuber in die Bank ein und erschießt eine Kassiererin. Mit rund 50 000 Mark und sechs Geiseln verläßt er die Schalterhalle. Einer Geisel drückt er den Pistolenlauf in den Rücken. Er bemerkt nicht den Scharfschützen der Polizei, der sich hinter einem Auto versteckt hält. Der Beamte streckt den Bankräuber mit einem gezielten Schuß nieder.

In Afghanistan kommt es vor allem in der Hauptstadt Kabul zu schweren antisowjetischen Unruhen. Aus Protest gegen die Intervention schließen Kaufleute ihre Läden. Die Rebellen machen die Hauptverbindungswege im Lande für die Sowjets unsicher. Nach Schießereien wird Kabul unter Kriegsrecht gestellt. Muslemische Aufständische zeigen sich stolz mit einem von ihnen erbeuteten sowjetischen Schützenpanzer.

Der sowjetische Einmarsch im benachbarten Afghanistan hat die Iraner aufgeschreckt. Zeitungen und Rundfunk verbreiten Verhaltensmaßregeln für den Fall einer Invasion. Auch die Iranerinnen sind in eine „Volk-ans-Gewehr"-Kampagne einbezogen. (Foto)

Die deutschen Gäste sind in der Mehrheit auf dem Wiener Opernball. 4000 von 7000 kommen aus der Bundesrepublik. Die einzelne Loge kostet 9000 Mark plus 90 Mark Eintritt. Für das prachtvollste und älteste Fest in Europa wurden 14 000 Nelken von der Riviera importiert. Mit 220 Debütantinnen wird der Ball eröffnet.

Februar 8

Überschattet von der Androhung eines Boykotts der Sommerspiele in Moskau eröffnet US-Vizepräsident Walter Mondale die Olympischen Winterspiele in Lake Placid. Erstmals nimmt eine Mannschaft der Volksrepublik China teil. Die ebenfalls angereiste Mannschaft Nationalchinas wird von der Teilnahme ausgeschlossen. Die Sowjetunion mit 10 Gold-, 6 Silber- und 6 Bronzemedaillen ist vor der DDR 9/7/7 und der USA mit 6/4/2 die erfolgreichste Nation.

Februar

Eine der überragenden Persönlichkeiten dieser Winterspiele war der fünfmalige Goldmedaillengewinner Eric Heiden. Souverän entscheidet der 20jährige aus den USA alle Eisschnellaufrennen der Männer für sich.

Gold schien sicher für den Italiener Ernst Haspinger, bis er im letzten Lauf stürzte. Sein Pech brachte dem deutschen Winkler die Bronzemedaille. (Rodeln-Einsitzer)

Februar

Rund zwei Milliarden Menschen in Afrika und Asien können das seltene Schauspiel einer totalen Sonnenfinsternis beobachten. Millionen versetzt das Naturereignis in Angst und Schrecken. Mit bösen Ahnungen verkriechen sie sich, verdunkeln die Fenster und beten vor Angst. In Kenia (Foto) dauerte das Ereignis drei Minuten und 50 Sekunden.

Februar

Anhaltende Regenfälle und Schneeschmelze führen in Süd- und Südwestdeutschland zu Überschwemmungen. Mindestens drei Menschen sterben. Der Sachschaden wird allein in Baden-Württemberg auf mehr als 30 Millionen Mark geschätzt.

Bei den Parlamentswahlen in Kanada erringen die Liberalen des früheren Premiers Elliot Trudeau in einem triumphalen Sieg die absolute Mehrheit. Die Konservativen des Ministerpräsidenten Joe Clark verlieren, weil sie Preissteigerungen für Öl und Benzin angekündigt hatten. Trudeau erklärt, daß er nach zwei oder drei Jahren einem Nachfolger Platz machen werde.

Februar

Der Maler Oskar Kokoschka stirbt im Alter von 93 Jahren in Villeneuve am Genfer See.

Februar

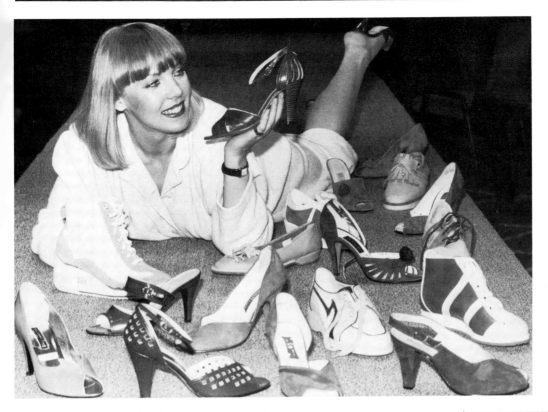

Flamenco heißt der neue sommerliche Schuhtyp, der mit wenig Leder auskommt. Charakteristisch ist die Öffnung an der großen Zehe. Der Flamenco kann zu Röcken und Hosen getragen werden.

Der amerikanische Rechtsanwalt Paul Harris gründete vor 75 Jahren den ersten Rotary-Club. Heute zählen die Clubs 853 000 Mitglieder in 154 Ländern. Symbol der Rotarier ist ein stilisiertes Zahnrad.

Prinzessin Ortrud von Hannover, Frau des 65jährigen Chefs des Welfenhauses, Prinz Ernst August von Hannover, stirbt im Alter von 54 Jahren im Henriettenstift. Nahezu eine Stunde bemühen sich Ärzte vergeblich um die Patientin, die mit einem Herzinfarkt eingeliefert worden war.

Gabi Brum, 18jährige Schülerin, wird in Berlin zur Miß Filmfestspiele gewählt. Sie ist eine von 14 Bewerberinnen. Die Jury hält sie für das schönste und intelligenteste Mädchen.

Rainer Barzel (CDU) wird vom Bundeskabinett zum neuen Koordinator für die deutsch-französische Zusammenarbeit berufen.
Barzel ist Nachfolger des im Dezember verstorbenen SPD-Politikers Carlo Schmid.

März

Im Ölfeld der Ekofisk vor der norwegischen Küste kentert die Versorgungs- und Hotelinsel „Alexander Kielland". Es ist das schwerste Unglück in der Geschichte der Erdölsuche. 123 Menschen kommen dabei um. Die 1976 in Gravelines bei Dünkirchen gebaute Insel war von der Bohrinsel zum schwimmenden Hotel umgebaut worden.
Stürmisches Wetter soll nicht Ursache der Katastrophe sein. Ein Vertreter der norwegischen Versicherungsgesellschaft erklärt, die Plattform sei so konstruiert gewesen, daß sie 30 Meter hohen Wellen hätte standhalten können.

März

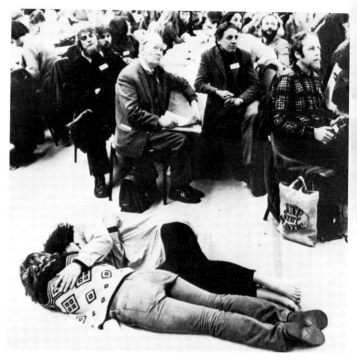

Den „Grünen" gelingt bei den Wahlen der Sprung in den Landtag von Baden-Württemberg. Die CDU verliert 3,3 Prozent, die SPD 0,8 und die FDP 0,5 Prozent. Nach der Wahlschlappe tritt Erhard Eppler als SPD-Fraktionsvorsitzender zurück, bleibt jedoch Landesvorsitzender.
In Saarbrücken kommen auf ihrem zweiten Parteitag die Grünen nur knapp an einer Spaltung vorbei. Der frühere CDU-Abgeordnete Herbert Gruhl kandidiert nicht für den Vorstand. Die Ökologen sehen sich an den Rand gedrängt. Auf dem Parteitag geht es unkonventionell zu. Zwei Mädchen tragen den Delegierten ihr Anliegen vor und strecken sich danach zur Ruhe aus.

Die Schwarzen jubeln, die Weißen sind besorgt. Der Führer der Nationalunion, Robert Mugabe, wird nach einem überwältigenden Wahlsieg vom britischen Gouverneur Rhodesiens, Lord Soames, mit der Regierungsbildung beauftragt. Mugabe hatte während des Wahlkampfes seine Haltung gemäßigt und die Weißen zum Verbleiben im Land aufgerufen. Unter seinen schwarzen Anhängern kennt der Jubel keine Grenzen.

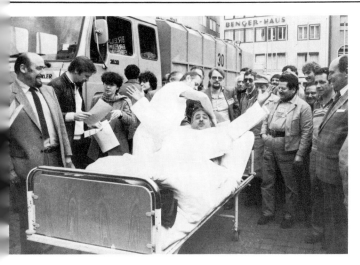
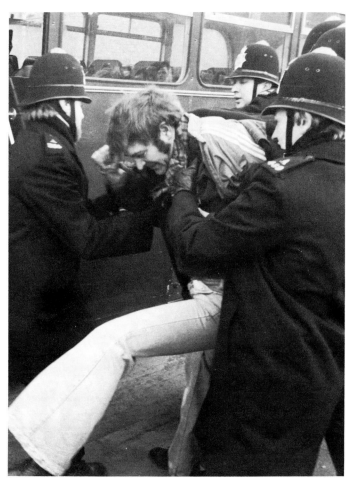

In Großbritannien werden die Verhandlungen zur Beilegung des Streiks in der staatlichen Stahlindustrie abgebrochen. Die Gewerkschaften wollen ihre Kampfaktionen weiter verschärfen. Posten sollen auch in den privaten Betrieben, die nicht vom Streik betroffen sind, die Produktion verhindern. Die Regierung hält das für unzulässig. In Sheffield wird Polizei gegen die Streikposten eingesetzt. In der Bundesrepublik kommt es zu zahlreichen wilden Streiks im öffentlichen Dienst. In einigen Großstädten bricht der Verkehr zusammen. In Stuttgart wird ein Müllmann auf dem Rathausplatz in eine Zwangsjacke gesteckt, um die starre Haltung der Arbeitgeber zu demonstrieren. Letztlich einigen sich die Tarifpartner auf Einkommensverbesserungen von 6,3 Prozent, mehr Urlaub sowie einigen Ausgleichszahlungen für die unteren Lohngruppen.

Die Luftwaffe stellt im Jagdbomber-Geschwader 49 in Fürstenfeldbruck die ersten 34 neuen leichten Kampfflugzeuge des Typs „Alpha Jet" in Dienst. Das kostspielige Waffensystem ist eine deutsch-französische Gemeinschaftsproduktion. Es kostet 20 Millionen Mark.

März

Mohammed Reza Pahlevi verläßt Panama und fliegt nach Ägypten, das ihm unbefristetes Asyl angeboten hat. Staatspräsident Sadat begleitet den früheren Schah zum Militärhospital Maadi bei Kairo, wo er an der Milz operiert wird. Nach Ansicht der USA ist der Umzug ein schwerer Rückschlag in den Bemühungen um die Freilassung der Geiseln. Eine UN-Kommission, die sich in Teheran um die Freilassung bemüht hatte, reist nach 17 Tagen erfolglos ab.

Afghanische Aufständische melden aus den Provinzen eindrucksvolle Erfolge. Inzwischen haben sowjetische und reguläre afghanische Truppen eine Offensive gegen die Aufständischen verstärkt. In die Kämpfe greifen schwere Kampfpanzer und moderne Jagdbomber ein. Der Flughafen Kabul wird mit sowjetischen Flugabwehrraketen gesichert.

März

230 000 Tonnen schmierigen Rohöls verklebten vor zwei Jahren 350 Kilometer bretonische Küste. Der Tanker ,,Amoco Cadiz'' war auseinandergebrochen. Jetzt sind es ,,nur'' 3000 Tonnen Öl, die aus dem Madagaskar-Tanker ,,Tanio'' auslaufen. Die bretonischen Bauern resignieren.

In Paris wird Mode von der Stange für den Herbst und Winter gezeigt. Fast exotisch wirken die Modelle von Jean Patou und Pierre Balmain. Die Vorliebe der Modeschöpfer in Paris gilt bedruckten Stoffen.

Im Transitlager Tyg Wajale an der äthiopischen Grenze treffen täglich bis zu 250 Neuankömmlinge ein – zu Fuß, mit dem letzten Esel oder Kamel – und vollkommen unterernährt.

März

Hildegard Knef wagt eine kosmetische Gesichtsoperation. Joachim Fuchsberger: „Ich habe Hilde seit acht Jahren nicht gesehen. Sie hat sich überhaupt nicht verändert."

Lehrer Eric Monnier verblüfft in Lausanne die Offiziere der Schweizer Armee. Er meldet sich mit seinem sechs Monate alten Sohn Julien, Kinderwagen und Babywäsche zum Dienst. Er erklärt, seine Frau sei Lehrerin und er müsse auf das Kind achten. Die Militärs schicken ihn nach Hause. Er müsse sich einen Babysitter besorgen.

Die Harlem Globetrotters betätigen sich auf einer Wohlfahrtsveranstaltung zugunsten von Rentnern. Eine Gelegenheit für Rosalynn Carter, im Trainingsanzug zu erscheinen. Im Herbst sind Präsidentenwahlen.

Oscar Arnulfo Romero, Erzbischof von San Salvador, wird vor dem Altar in der Kapelle des Krankenhauses der „Göttlichen Versöhnung" erschossen. Er las gerade die Totenmesse für seine kurz zuvor gestorbene Mutter. Der Täter entkommt unerkannt. Romero galt als Verfechter der Menschenrechte. In El Salvador droht jetzt ein offener Bürgerkrieg.

Wilhelm Hoegner, Sozialdemokrat, erster bayerischer Ministerpräsident nach dem Kriege – 1945/46 und 1954/57 – stirbt im Alter von 92 Jahren in München. Er gilt als Vater der bayerischen Verfassung, die am 1. Dezember 1946 per Volksentscheid angenommen wurde.

Klaus Bölling, Staatssekretär und Sprecher der Bundesregierung, 51 Jahre alt, heiratet in Berlin die 29jährige Tochter des Industriepräsidenten, die Medizinstudentin Alexandra Rodenstock. Er heiratet zum dritten, sie zum zweiten Mal.

Muhammad Ali trainiert wieder und bereitet sich in Miami auf einen Titelkampf vor. Der langjährige Arzt des ehemaligen Boxweltmeisters, Dr. Ferdie Pacheco, nennt Alis Vorhaben lebensgefährlich. Er habe den jetzt 38jährigen bereits 1976 gebeten, mit dem Boxen aufzuhören.

Winifred Wagner, Schwiegertochter Richard Wagners und langjährige Leiterin der Bayreuther Festspiele, stirbt im Alter von 82 Jahren in Überlingen am Bodensee. Sie galt als Gralshüterin und erfolgreiche Organisatorin, glückliche Miterbauerin einer Dynastie, als selbstbewußte Witwe, blinde Mitläuferin und unbelehrbare Propagandistin.

Das Ebenbild der britischen Premierministerin Margaret Thatcher ist 20 Zentimeter groß und Verkaufsschlager in den Vereinigten Staaten. Die Puppe, an der weder die eleganten schwarzen Schuhe noch die aufgebauschte Frisur fehlen, wird von einer britischen Firma vertrieben, die sich auf Sammlerpuppen spezialisiert hat.

April

Präsident Carter gibt den Befehl, die Geiseln in Teheran mit militärischen Mitteln in einer Geheimaktion zu befreien. Acht Hubschrauber mit Nachtsichtgeräten starten vom Flugzeugträger „Nimitz" zum 800 Kilometer entfernten Ziel. Sechs Hercules-Transporter starten von geheimen Plätzen. Nach technischen Pannen bleiben fünf Hubschrauber zur Rettung übrig. Zu wenig. Carter ordnet den Abbruch der Aktion an. Dabei stoßen ein Hubschrauber und eine Transportmaschine zusammen. Von den 90 eingesetzten Soldaten kommen dabei acht ums Leben und werden in der Wüste zurückgelassen. Der Präsident übernimmt die volle Verantwortung für das gescheiterte Kommandounternehmen. Sein Außenminister Cyrus Vance tritt aus Protest zurück. Senator Edmund Muskie wird sein Nachfolger. Die Besetzer der amerikanischen Botschaft verlegen die Geiseln an geheime Orte in verschiedenen iranischen Städten. Ayatolla Khalkali, der gefürchtete Blutrichter, stellt die amerikanischen Beutestücke zur Schau aus.

April

Die Hannover-Messe ist Magnet für 5600 Aussteller aus 49 Ländern. Sie wird von rund 540 000 Menschen aus 111 Nationen besucht. Aussteller nehmen Direktaufträge in Höhe von 2,1 Milliarden Mark in die Bücher. Auf einer Sonderschau der Brasilianer wird Bundeswirtschaftsminister Otto Graf Lambsdorff und seiner niedersächsischen Kollegin Birgit Breuel erklärt, wie aus Zuckerrohr nicht nur Alkohol, sondern auch Treibstoff gewonnen werden kann. Die Internationale Luftfahrtausstellung ILA verzeichnet 364 Aussteller aus 16 Nationen. Sowjets und Chinesen zeigen sich mit Delegationen interessiert.

Sintis, wie sich die Zigeuner selbst nennen, beginnen nach einer Gedenkfeier im ehemaligen Konzentrationslager Dachau einen Hungerstreik. Sie fühlen sich häufig diskriminiert und fordern volle moralische Wiedergutmachung.

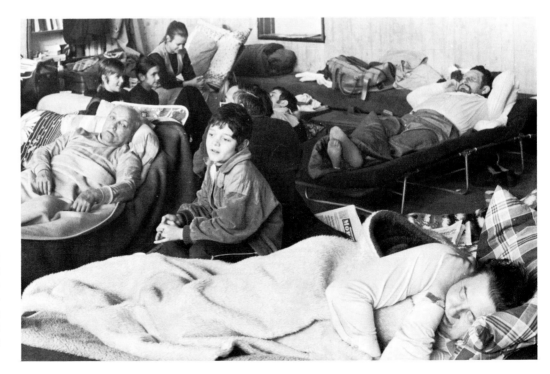

April

Auf dem Gelände der peruanischen Botschaft in Havanna warten viele tausend Kubaner auf die Möglichkeit, ihre Heimat zu verlassen. Kuba will alle unzufriedenen Bürger ausreisen lassen. Trotz schlechter Wetterlage gelingt es mehr als 6000 Menschen mit Booten Florida zu erreichen. Benito Yanes wird während der stürmischen Überfahrt Vater.

5000 Frauen aus dem In- und Ausland demonstrieren gegen ein Atommüll-Endlager in Gorleben. Zugleich rufen sie zu einer länger dauernden Besetzung des Bohrplatzes auf, der für Erkundungsbohrungen geplant ist.

In Frankfurt kommt es zu einer Straßenschlacht. Die Polizei, die ein besetztes Haus stürmen will, wird mit einem Steinhagel empfangen. 60 Demonstranten werden vorläufig festgenommen. Zahlreiche Privatfahrzeuge werden beschädigt.

April

Bundesfinanzminister Hans Matthöfer lehnt Abstriche am Steuerentlastungspaket ab. Er werde jedoch kräftig an den Wünschen seiner Ressortkollegen streichen: „Es wird noch Heulen und Zähneklappern geben!"

Der Ministerpräsident und CDU-Spitzenkandidat des Saarlands, Werner Zeyer, hat nichts zu lachen. Die CDU verliert bei den Landtagswahlen 5,1 Prozent der Stimmen. Doch der starke Stimmenzuwachs von 3,6 Prozent der SPD reicht für einen Machtwechsel an der Saar nicht aus.

In Bayern schneit es 24 Stunden lang. Orkanböen mit Schnee und Regen treiben in Hessen den Frühling hinweg. Der Verkehr wird empfindlich gestört. Die Polizei registriert zahlreiche Unfälle. Stromleitungen reißen unter der Schneelast. Ein umkippender Starkstrommast erschlägt den Beifahrer in einem Lastwagen.

Im Bayerischen Nationalpark werden Tiere eingefangen. Ihnen wird ein kleiner Sender angeheftet, um ihre Wanderungen verfolgen zu können. Der Hirsch ist froh, der Prozedur zu entrinnen.

40 Mörder warten auf Besucher. Im Londoner Wachsfigurenmuseum der Madame Tussaud ist der Entführer des Lindbergh-Babys, Bruno Hauptmann, auf dem elektrischen Stuhl die neue Attraktion. Um die Erwartungen der Besucher nicht zu enttäuschen, wurden die Schreckenskammern noch blutrünstiger und dämonischer hergerichtet.

Die Jugend wird von einem neuen Rollschuhfieber erfaßt. Roller Skates machen selbst vor den Türen der Discos nicht halt. Verwaltungen fragen: Sind es neue Verkehrsmittel? Einige Stadtverwaltungen verbieten das Fahren in den Fußgängerbereichen. Im Schatten des Kölner Doms tummeln sich täglich hunderte junger Leute auf den Skates. In Würzburg gibt ein Fan den Rollschuhen mit einem Zwei-PS-Motor noch mehr Geschwindigkeit.

April

Kronprinzessin Beatrix wird neue Königin der Niederlande. Mutter Königin Juliana dankt nach 32 Jahren – an ihrem 71. Geburtstag – ab. Das Fest der Königinnen wird von erbitterten Straßenschlachten zwischen Jugendlichen und Amsterdamer Polizeieinheiten überschattet.

April

Der Vorsitzende des Landespräsidiums und Spitzenkandidat der nordrhein-westfälischen CDU, Heinrich Köppler, erliegt im Alter von 54 Jahren in Düsseldorf einem Herzinfarkt. Sein Nachfolger – auch als Spitzenkandidat für den Landtagswahlkampf – wird Prof. Kurt Biedenkopf.

Der französische Philosoph und Schriftsteller Jean Paul Sartre stirbt in Paris im Alter von 74 Jahren. Zehntausende geben ihm das letzte Geleit.

Frank Kaufmann aus Heidelberg ist auf dem Wege zum Nordkap. Der 40jährige will sein Ziel am 1. Juli erreicht haben. Frank Kaufmann ist blind.

Nach ihrer Haftentlassung will die Schauspielerin Ingrid van Bergen wieder auf die Bühne. Sie war 1977 zu sieben Jahren Haft verurteilt worden, weil sie ihren Geliebten aus Eifersucht erschossen hatte.

Mai

Im amerikanischen Bundesstaat Washington bricht nach 123 Jahren der Ruhe der 3000 Meter hohe Vulkan St. Helen aus. Die gewaltige Eruption sprengt rund 425 Meter des Gipfels weg. Weite Gebiete drohen unter einer Aschenwolke zu versinken. Mindestens 35 Menschen kommen ums Leben. Die Suche nach 52 Vermißten muß eingestellt werden. Rund 2000 Menschen werden evakuiert. Atemmasken sind ausverkauft. Autos werden mit speziellen Luftfiltern ausgerüstet. Wissenschaftler befürchten Auswirkungen auf die globale Wetterlage.

Mai

Zu gewalttätigen Ausschreitungen bisher nicht erlebten Ausmasses kommt es in Bremen während eines öffentlichen Rekruten-Gelöbnisses. Rund 7000 zum Teil militante Linksextremisten liefern den Sicherheitskräften eine blutige Schlacht. 257 Polizeibeamten und 40 Randalierer werden zum Teil schwer verletzt. Der Bundestag verurteilt die Ausschreitungen. SPD-Fraktionsvorsitzender Herbert Wehner bittet die Soldaten um Verzeihung. Ein Untersuchungsausschuß soll klären, wie es zu den Ausschreitungen kommen konnte.

Drei Tage vor seinem 88. Geburtstag stirbt der jugoslawische Staats- und Parteichef Josip Broz Tito an den Folgen einer Beinamputation im Klinikzentrum von Ljubljana. Nach der Operation waren lebenswichtige Organe allmählich ausgefallen. An den Trauerfeierlichkeiten nehmen höchste Repräsentanten aus 115 Staaten teil. Es kommt zu zahlreichen Gesprächen. Bundeskanzler Schmidt trifft auch mit dem DDR-Staatsratsvorsitzenden Honecker und dem polnischen Parteichef Gierek zusammen. Amerikas Präsident Carter bleibt den Trauerfeierlichkeiten fern. Er schickt den Vizepräsidenten Mondale und seine Mutter Lilian Carter.

Mai

Bei der Neuwahl des nordrhein-westfälischen Landtags gibt es einen politischen Erdrutsch. Die SPD gewinnt 3,3 Prozent der Wähler hinzu und erringt die absolute Mehrheit. Die CDU muß mit 3,9 Prozent Verlusten eine Niederlage hinnehmen. Die FDP verfehlt knapp den Einzug in den Landtag. Die Grünen scheitern an der Fünf-Prozent-Klausel.

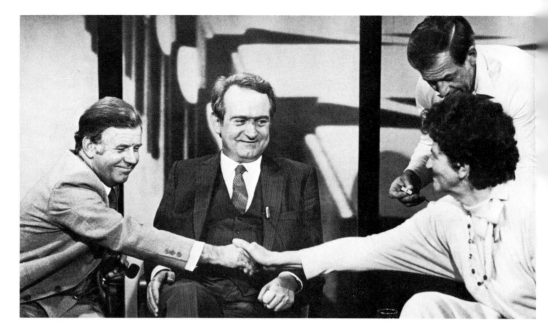

Das Betondach der Kongreßhalle in Berlin stürzt herab und zerstört die Vorhalle. Fünf Menschen werden verletzt. Unter den Trümmern werden mehrere Autos begraben. Die Halle wird wegen ihrer ungewöhnlichen Form „schwangere Auster" genannt.

Aus allen Teilen der Bundesrepublik reisen 4000 Demonstranten nach Gorleben. Wo die dritte Tiefbohrung in den Salzstock geplant ist, errichten die meist Jugendlichen ein wendländisches Runddorf. Sie richten sich auf eine längere Belagerung ein. Der niedersächsische Innenminister fordert die Besetzer zur freiwilligen Räumung auf.

Mai

In der südkoreanischen Provinzhauptstadt Kwangju kommt es zum Aufstand gegen das Kriegsrecht. Elitesoldaten der Armee stürmen die Hauptstadt nach einwöchiger Belagerung mit Hubschrauber- und Panzerunterstützung. Nach der Erstürmung werden Studenten gefesselt und aneinandergebunden abgeführt. Die Angaben über die Zahl der Opfer schwankt zwischen 400 bis 600 Toten.

Vier Polizisten, die Ende 1979 einen Farbigen zu Tode geprügelt haben, werden freigesprochen. In Miami kommt es danach zu den schwersten Rassenunruhen in den USA seit 1967. Drei Tage dauert die Straßenschlacht. Ein Ausgehverbot wird verhängt. 16 Personen kommen ums Leben, 743 werden verhaftet. Der Sachschaden wird auf rund 100 Millionen Dollar beziffert.

Der bisher größte Lohnkonflikt des Landes legt die Wirtschaft Schwedens nahezu lahm. Rund 900 000 Arbeitnehmer – etwa ein Viertel aller Beschäftigten – sind ausgesperrt oder streiken. Benzin und Nahrungsmittel werden knapp. Hamsterkäufe nehmen zu.

Ein belgischer Starfighter TF 104 stürzt auf das Bürogebäude einer Maschinenbaufirma im saarländischen Neunkirchen. Drei Frauen kommen ums Leben. Die beiden Besatzungsmitglieder konnten sich mit dem Schleudersitz retten.

Mai

Papst Johannes Paul II., reisefreudiges Oberhaupt der katholischen Kirche, macht eine elftägige Afrikareise und besucht Zaire, Kongo, Kenia, Ghana, Obervolta und die Elfenbeinküste. Sichtliches Vergnügen bereiten dem Papst die Stammestänze der Eingeborenen.

Eser Weizman, israelischer Verteidigungsminister, tritt wegen geplanter Kürzungen des Militärhaushalts und angeblicher Verschleppung der Friedensverhandlungen mit Ägypten durch die Regierung zurück.

Patty Hearst, Kind reicher Eltern, kann die vorzeitige Beendigung der Bewährungsfrist zur Kenntnis nehmen. Ein Richter in Los Angeles hatte sie verfügt, weil die Bewährungsfrist „keinem nützlichen Zweck" mehr diene. Die 25jährige war im Februar vergangenen Jahres aus dem Gefängnis entlassen worden, nachdem sie eine zweijährige Haftstrafe wegen eines Bankraubes abgesessen hatte.

Inge Meysel, Schauspielerin, seit ihrer Familienserie im Fernsehen „Die Unverbesserlichen" auch „Fernsehmutter der Nation" genannt, feiert ihren 70. Geburtstag.

Mai

Kevin Drummond und Stephen Rutherford treiben unter dem Protest Tausender von Touristen Bergsteigerhaken in die knapp 2,5 Zentimeter dicke Kupferhaut der „Miss Liberty" und ziehen sich an Seilen hoch. Unterhalb des Knies bringen sie ein riesiges Spruchband an: „Freiheit für Geronimo Pratt". Pratt, ehemaliger Führer der militanten Black Panther, war 1972 wegen Mordes zu einer Gefängnisstrafe von sieben Jahren verurteilt worden. Die Demonstration, die den Touristen den ungewohnten Anblick eröffnete, wird wegen ihrer Illegalität und der Beschädigung von Staatseigentum, das außerdem unter Denkmalschutz steht, noch ein Nachspiel haben.

Gunnar Möller, deutscher Schauspieler, wird von einem Londoner Gericht wegen Totschlags zu fünf Jahren Haft verurteilt. Er hatte seine Frau Brigitte Rau erschlagen.

Prof. Rolf Rodenstock, Industrieller, wird von der Mitgliederversammlung des Bundesverbandes der Deutschen Industrie (BDI) erneut zum Präsidenten gewählt.

Bayern München ist neuer deutscher Fußball-Meister. Die Bayern beenden die Bundesliga-Saison mit 50:18 Punkten und zwei Punkten Vorsprung vor dem Titelverteidiger Hamburger SV. Absteiger sind Hertha BSC, Werder Bremen und Eintracht Braunschweig.

Hermann Fredersdorf, Vorsitzender der von ihm gegründeten Bürgerpartei, ehemals Vorsitzender der Deutschen Steuerbeamtengewerkschaft, gibt seinen Rücktritt vom Parteivorsitz bekannt. Seine Partei erhielt bei den Landtagswahlen in Nordrhein-Westfalen nur 0,1 Prozent der Stimmen.

Juni

3000 Beamte des Bundesgrenzschutzes und der Polizei aus mehreren Bundesländern räumen das Anti-Atom-Dorf. Kernkraftgegner hielten den Bohrplatz 1004 seit 32 Tagen besetzt. Die Räumung verläuft überwiegend friedlich. Viele Besetzer – wie der führere IG-Metall-Funktionär Heinz Brandt (Foto) – müssen vom Platz getragen werden. Bulldozer ebnen die sogenannte „Republik Freies Wendland" ein.

Juni

Bei den Mitarbeitern der Opel-Werke gibt es besorgte Gesichter. Die Nachfrage nach Mittelklassewagen und mögliche Produktionsverlagerungen sollen zum Personalabbau führen. Firmenleitung und Geschäftsführung vereinbaren einen Sozialplan, der den Abbau von 5300 Mitarbeitern erleichtern soll.

100 000 Menschen nehmen in Berlin am 86. Deutschen Katholikentag teil. Siebzig Prozent sind unter 25 Jahre alt.

Juni

Vor dem weltberühmten Dogenpalast in Venedig stellen sich die Teilnehmer eines Wirtschafts-Gipfeltreffens den Fotografen. Die Vertreter von sieben westlichen Industriestaaten erklären ihre wichtigsten Ziele: Einsparung von Öl, Bekämpfung der Inflation, Erhaltung des freien Welthandels und eine Stärkung der Dritten Welt.

Vietnamesische Truppen stoßen mit Panzer- und Artillerieunterstützung nach Thailand. Zehntausende von Kambodscha-Flüchtlingen verlassen aus Furcht ihre Lager in Thailand, wo sie notdürftig untergekommen waren.

In großen Lagern sind in den Vereinigten Staaten 18 000 Kubaner untergebracht. 1000 klagen über schleppende Bearbeitung ihrer Einwanderungsanträge und brechen aus einem Lager aus. Polizei und Armee wird zusammengezogen und geht mit Tränengas und Schlagstöcken gegen die ausgebrochenen Demonstranten vor.

In Südafrika kommt es erneut zu Streiks und Demonstrationen, die mehrere Tage dauern. Randalierende Kinder steinigen Busse und Privatautos, Fabrikgebäude werden zerstört, Läden ausgeraubt. Polizei schießt mit Tränengas und scharfem Schuß. Die schwersten Rassenunruhen seit 1976 kosten mindestens 42 Menschen das Leben, 250 werden schwer verletzt.

Muppet-Fans kommen auf ihre Kosten. Die Helden der Fernsehserie, Miß Piggy und Kermit, der Frosch, und alle anderen plüschigen Stars sind in ihrem ersten Kinofilm zu sehen.

Juni

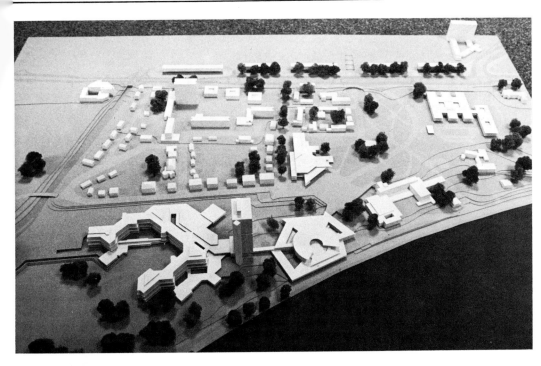

Der Rat der Stadt Bonn hat dem Ausbau des Regierungsviertels zugestimmt.
Das Echo auf die Pläne ist geteilt. Was tatsächlich gebaut werden kann, ist wegen der Finanzklemme noch offen. Das Bonner Provisorium soll aber beendet werden.

Immer wieder kommt es in der Züricher Innenstadt zu schweren Auseinandersetzungen zwischen Jugendlichen und der Polizei. Die Triebfeder der jungen Menschen, die auch in anderen Teilen der Schweiz zu demonstrieren beginnen, ist allgemein „Unmut über die Verhältnisse". Die Polizei setzt sich massiv zur Wehr.

Bei den Deutschen Military-Meisterschaften in Bielefeld stürzt Hans Friedrich Nagel auf Garbene in den Wassergraben und gibt auf. Den Meistertitel der Vielseitigkeitsreiterei holt zum dritten Mal der Versicherungskaufmann Otto Ammermann (Jaderberg) auf seinem Oldenburger Hengst Volturno.

Juni

Die „Sportlerhochzeit des Jahres" findet in Garmisch-Partenkirchen statt. Die 29jährige Rosi Mittermaier, genannt Gold-Rosi, heiratet den 30jährigen Christian Neureuther. 15 000 Neugierige säumen den Fußweg von der Kapelle zur Hauptstraße. Der Bräutigam trägt es mit Fassung, Rosi ist gerührt.

Dieter Zlof, 37 Jahre alt, wird vom Landgericht München beschuldigt, einer der Entführer oder gar der Kidnapper zu sein, der den Industriellensohn Richard Oetker entführt hat. Der Indizienprozeß hatte im November 1979 begonnen. Bei der Entführung waren 21 Millionen Mark Lösegeld gezahlt worden. Zlof wurde zu 15 Jahren Haft verurteilt. Der Vorsitzende Richter, Hans Dieter Zeiler: „Hier stehen wir. Wir konnten nicht anders. Gott helfe uns." Ehefrau Christel Zlof bricht nach dem Urteil in Tränen aus.

Der Hamburger Komponist Bert Kaempfert will ein Comeback feiern. In der Royal Albert Hall wird er umjubelt. Kurze Zeit später stirbt der 56jährige in seinem Ferienhaus auf Mallorca an einem Gehirnschlag. Zu seinen Welterfolgen gehören „Strangers in the night", „Spanish eyes" und „Swinging Safari".

Neuer Vorsitzender der Jungsozialisten wird in Hannover der frühere Polizeibeamte und jetzige Studienleiter für Erwachsenenbildung Willi Piecyk aus Malente. Der 31jährige kann sich erst im zweiten Wahlgang gegen den Berliner Journalisten Klaus Peter Wolf durchsetzen, der den radikalmarxistischen Stamokap-Flügel anführt.

Mit dem Pomp spanischen Hofzeremoniells feiern Erbprinz Johannes Baptista Jesus Maria Louis Miguel Friedrich Bonifazius Lamoral von Thurn und Taxis und Mariae Gloria Gräfin und Herrin von Schönburg-Glauchau Hochzeit. Er beinahe 54, sie 20 Jahre alt. Demonstranten verlegen sich auf ironische Spruchbänder und lassen die vergoldete Kutsche, von Dienern mit Perücken gelenkt, ungehindert passieren.

Schauspielerin Tanya Roberts löst in der Fernsehserie „Drei Engel für Charlie" ihre Kollegin Shelley Hack ab. Der neue Engel wurde unter 2000 Bewerberinnen gewählt.

Der amerikanische Schriftsteller Henry Miller stirbt im Alter von 88 Jahren in Pacific Palisades.

Michel Maury-Laribiere, stellvertretender Präsident des französischen Arbeitgeberverbandes, wird auf dem Weg zu seiner Fabrik entführt. Eine linksradikale Terrororganisation bekennt sich zu der Entführung des 60jährigen und fordert ein Lösegeld in Höhe von mehr als 12,5 Millionen Mark.

Sajay Ghandi, Sohn der indischen Ministerpräsidentin Indira, kommt bei einem Flugzeugabsturz ums Leben.

Amy, Tochter des amerikanischen Präsidenten Carter, ist auf vielen Reisen dabei. Beim Staatsbesuch in Rom nimmt der italienische Staatspräsident Pertini das Kind großväterlich in die Arme.

Juli

Protestaktionen begleiten die Eröffnung der XXII. Olympischen Spiele in Moskau. Nur 81 von 146 Ländern erscheinen. 16 Nationen verzichten bei der Eröffnungsfeier auf den Einmarsch oder auf ihre eigene Nationalflaggen. Das sowjetische Fernsehen unterschlägt die als Ersatzfahne benutzte IOC-Flagge. Der Protest richtet sich gegen die sowjetische Invasion in Afghanistan. Die Olympiafahne wird von sowjetischen Sportlern im militärischen Stechschritt ins Stadion getragen.

Juli

Die Töchter des bekannten Fernsehjournalisten Dieter Kronzucker, Susanne und Sabine, 15 und 13 Jahre alt, sowie ihr Cousin Martin Wächtler, 15 Jahre alt, werden im italienischen Ferienort Barberino Val d'Elsa in der Toscana entführt. Der Papst richtet einen Appell an die Entführer. Das Bundeskriminalamt wird eingeschaltet.

Mit einem einmotorigen Flugzeug vom Typ Anatov 2 gelingt 21 Rumänen die Flucht nach Österreich. Aus dem Flugzeug, das zur Schädlingsbekämpfung eingesetzt wurde, klettern der Pilot mit Angehörigen und insgesamt neun Kinder.

Der gestürzte Schah von Iran stirbt im Alter von 60 Jahren in einem ägyptischen Militärkrankenhaus an seinem Krebsleiden. Präsident Sadat ordnet Staatsbegräbnis an. Es findet ohne politische Prominenz statt. Im Kubbeh-Palast in Kairo spricht der Staatspräsident der Witwe Farah Diba sein Beileid aus.

Juli

Die zweite Weltfrauenkonferenz der Vereinten Nationen in Kopenhagen dauert zwei Wochen. Die PLO, mit Beobachterstatus dabei, sorgt für Provokation. Zu ihrer Delegation gehört Laila Khaled, prominente Luftpiratin. Die palästinensische Delegation versucht Fotografen daran zu hindern, Aufnahmen von der früheren Terroristin zu machen.

Eine auch für den Süden Amerikas ungewöhnliche Hitzeglocke macht Schlagzeilen. Auf den Weiden von Texas verendet das Vieh. Wasserstellen sind versiegt. Das Gras verdorrt. Klimaanlagen sind ausverkauft. Der Schaden ist nicht absehbar.

Der Stier ist besser als der junge Mexikaner Edmundo Molina. Bei einem Stierkampf in einem Vorort von Mexiko-Stadt kann der junge Stierkämpfer nur mit Mühe von dem Tier getrennt werden.

Juli

Der Ferienbeginn in einigen Bundesländern führt zum größten Verkehrschaos des Jahres. Zum Teil bricht der Verkehr völlig zusammen. Stop-and-go heißt es zwischen Frankfurt und Nürnberg auf einer Länge von nahezu 200 Kilometern.

Der Burglöwe von Braunschweig wird von seinem Postament geholt. Die Bronzeplastik Heinrichs des Löwen, 800 Jahre alt, soll von internationalen Fachleuten restauriert werden.

Frankfurt wird vom Oberbürgermeister Walter Wallmann zum Sperrgebiet für asylsuchende Ausländer erklärt. Auch andere Städte stöhnen über die zunehmende Zahl der Asylanten, die zum Teil von „Schleppern" ins Land geholt werden. Vor allem der Flugplatz Frankfurt ist Drehscheibe für die Ausländer.

Die Frage, wer den Siegeszug des 24jährigen Schweden Björn Borg stoppt, ist entschieden. Zum fünften Mal wird er Wimbledonsieger. Im Finale besiegt er den Amerikaner John McEnroe in vier Sätzen 1:6, 7:5, 6:3, 6:7 und 8:6. Er reiht sich damit in die Reihe der „Unsterblichen" ein und dürfte eigentlich nirgendwo mehr starten – weil ihn niemand mehr bezahlen kann.

Juli

Billy macht seinem Bruder, dem Präsidenten der Vereinigten Staaten, Ärger. Das Sorgenkind der Familie Carter ist seit zwei Jahren Gaddafi von Libyen zu Diensten. Billy gibt zu, sich als Lobbyist betätigt und Geld vom libyschen Herrscher genommen zu haben.

Hannelore Schmidt, Frau des Bundeskanzlers, war im Urlaub am Brahmsee bei einer Radtour gestürzt und brach den Arm. Trotzdem begrüßt sie den jordanischen König Hussein und dessen Frau Nur auf dem Flughafen.

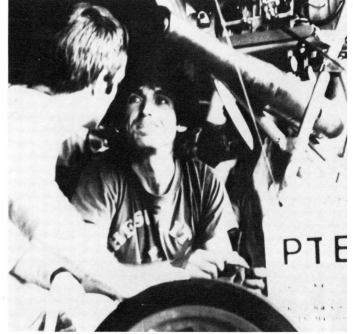

Eagle Sarmont, 28 Jahre alt, hängt seinen Traum an den Nagel. Er wollte mit einem Motorsegler den Atlantik überqueren. Das kanadische Verkehrsministerium verbietet das Flugabenteuer. Es verstoße gegen die Gesetze des Landes.

Juli

Juliane Plambeck und Wolfgang Beer, als mutmaßliche Terroristen auf den Fahndungslisten der Polizei, kommen bei einem Verkehrsunfall in der Nähe von Stuttgart ums Leben. Im demolierten Auto findet die Polizei eine Maschinenpistole, die beim Attentat auf die Begleiter von Hanns Martin Schleyer 1977 benutzt wurde.

Die Theaterdirektorin und engagierte Frauenrechtlerin setzt sich gegen drei männliche Mitbewerber durch. Vigdis Finnbogandottir, 50 Jahre alt, wird mit knapper Mehrheit Präsidentin von Island. Sie ist das erste vom Volk gewählte weibliche Staatsoberhaupt der Welt.

Sultan Achmed Schah ergreift das Staatsschwert, hebt es im Nationalpark in Kuala Lumpur an seine Stirn und ist damit siebenter Yang-Di-Pertuan – König von Malaysia. Er ist konstitutionelles Staatsoberhaupt. Tausende jubeln dem König und seiner Frau nach der Amtseinführung in den Straßen der Hauptstadt zu.

Das Doping-Verfahren gegen Dietrich Thurau wird niedergeschlagen. Die Gegenanalyse zur ersten und positiven Urinuntersuchung anläßlich der deutschen Profimeisterschaft in Le Locle/Schweiz erweist sich überraschend als negativ.

Dr. Hans Bayer, 66 Jahre alt, besser bekannt als Schriftsteller unter dem Pseudonym Thaddäus Troll, wird in seiner Stuttgarter Wohnung tot aufgefunden.

August

Wird die Sowjetunion in Polen intervenieren? Diese bange Frage bewegt nicht nur das 19köpfige zentrale Streikkomitee in Danzig. Streiks greifen immer weiter um sich. Auch in Breslau wird die Arbeit in einigen Betrieben niedergelegt. Der polnische Ministerpräsident Edward Babiuch muß gehen. Eine Regierungsdelegation nimmt Verhandlungen mit den Streikenden auf. Lech Walesa heißt der Führer der neuen Arbeiterbewegung, die 21 Forderungen stellt: vor allem eine unabhängige Gewerkschaft und die Einführung des Streikrechts. Die Regierung geht auf die Forderungen ein. Viele Streiks werden abgebrochen. Wegen der Unruhen in Polen sagt Bundeskanzler Schmidt ein Treffen mit SED-Chef Honecker ab.

August

Das vom Terrorismus geplagte Italien erlebt den schlimmsten Anschlag der Nachkriegszeit. In dem mit Touristen überfüllten Bahnhof von Bologna explodiert eine Bombe. Sie tötet 86 Menschen. 260 werden verletzt. Die Attentäter werden in rechtsextremistischen Kreisen gesucht.

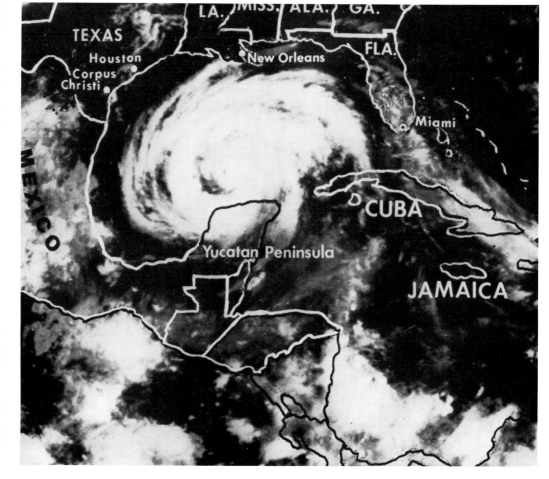

Der gefährlichste Wirbelsturm des Jahrhunderts „Allen" rast mit einer Geschwindigkeit von bis zu 300 km/h über die Karibik und den Golf von Mexiko. In den Südstaaten von Amerika wird Alarm gegeben. „Allen" richtet große Verwüstungen an und fordert mindestens 249 Menschenleben.

An Bord einer saudiarabischen Verkehrsmaschine vom Typ L-101-Tristar bricht ein Brand aus. Obwohl das Flugzeug auf dem Flughafen Er Riad steht und nicht explodiert, kommen alle 301 Passagiere ums Leben. Es wird angenommen, daß ein Pilger auf einem Gaskocher Tee zubereiten wollte.

Auf einer Länge von 650 Kilometern blockieren französische Fischer die Kanalhäfen. Sie fordern höhere Treibstoffsubventionen. Der Fahrschiffverkehr nach Großbritannien kommt zum Erliegen. Der Streik greift auf Atlantik- und Mittelmeerhäfen über. Gelegentlich versucht eine Fähre, die Bootssperren zu durchbrechen.

Die Spannungen zwischen der katholischen und protestantischen Bevölkerung in Nordirland (Ulster) nehmen wieder zu. Mit unverkennbarer Ehrfurcht blicken Kinder von Belfast auf die Waffen der vermummten Gestalten der verbotenen Irisch Republikanischen Armee (IRA).

August

Die Bundeswehr will zu ihrem 25jährigen Bestehen Ehrenzeichen einführen. Sie sollen für treue Pflichterfüllung oder besondere Einzelleistung verliehen werden. Verteidigungsminister Apel stellt die Exemplare in Gold, Silber und Bronze vor.

Edward Kennedy, der jüngste und letzte Bruder, zieht aus seiner Abstimmungsniederlage auf dem Konvent der Demokraten die Konsequenz und seine Präsidentschaftskandidatur gegen Jimmy Carter zurück. Aus der Popularität Kennedys zieht dieser Junge in New York Nutzen. Er verkauft Teddybären mit dem lachenden Gesicht des Senators.

Alarm im Stillen Ozean, ostwärts der japanischen Insel Okinawa. An Bord eines sowjetischen Atom-Unterseeboots ist Feuer ausgebrochen. Es bleibt manövrierunfähig liegen. Die Schiffahrt wird vor möglicher Radioaktivität gewarnt. Neun Besatzungsmitglieder sollen getötet worden sein. Ein Teil der Besatzung hält sich an Deck auf, als das Boot in Schlepp genommen wird.

Eine Augenweide sind die vier Großsegler und 20 B-Schiffe aus sechs europäischen Ländern, die am Weserufer bei Bremerhaven entlangsegeln. Das polnische Dreimastvollschiff „Dar Pomorza" gehört zu den wenigen, die alle Segel gesetzt hatten.

Nach zehnjähriger Haft wird der frühere Anwalt der außerparlamentarischen Opposition (APO), Horst Mahler, in Berlin vorzeitig entlassen. Der jetzt 44jährige hat sich vom Terrorismus losgesagt. Mahler hatte in den letzten zwei Jahren mehrfach Hafturlaub erhalten und eine Ausbildung in einem Planungsbüro begonnen.

Das Schiffshebewerk Lüneburg am Elbe-Seitenkanal in Scharnebeck ist wieder voll betriebsbereit. Der Trog mußte wegen eines Defektes stillgelegt werden. Die Reparatur kostet rund drei Millionen Mark. Weitere 15 sind in Verbesserungen und Ergänzungen gesteckt worden.

Locker und leger soll sich der Mann im nächsten Jahr nach dem Angebot der Modeschöpfer kleiden. Der klassische Anzug mit Billettaschen sowie Seiten- und Rückenschlitzen wird dominieren.

August

Das „Märchenpaar" der europäischen High Society, Prinzessin Caroline von Monaco und ihr bürgerlicher Ehemann Philippe Junot, haben sich nach zweijähriger Ehe offiziell getrennt. Auf dem Ball des Roten Kreuzes erscheint Caroline nur in Begleitung ihrer Eltern und von Prinz Albert.

Wernher von Braun, verstorbener Raketentechniker, ist der den Bundesbürgern bekannteste Erfinder, stellt das Institut für angewandte Sozialwissenschaften fest. 17 Prozent nennen ihn zuerst. Es folgen Benz, Otto, Diesel und Daimler.

Der 38jährige Werner Machnik, einer der bekanntesten Westberliner Modeschöpfer, wird in seiner Wohnung am Kurfürstendamm bei einem Überfall durch mehrere Messerstiche in Brust und Bauch lebensgefährlich verletzt.

Manuel Benitez, El Córdobes genannter spanischer Torero, wird aus einer Madrider Klinik entlassen. Er war bei einem Stierkampf schwer verletzt worden. El Córdobes will auch in Zukunft auf Stierkämpfe nicht verzichten.

August

Prinzessin Margaret, Schwester der britischen Königin Elizabeth, wird 50 Jahre alt. Die Prinzessin wird häufig als schwarzes Schaf der Königsfamilie bezeichnet.

Die Schauspielerin Rosa Albach-Retty stirbt im Alter von 105 Jahren in Baden bei Wien.

Anton Wagner, katholischer Pfarrer aus Rehling bei Augsburg, wird im österreichischen Hall verhaftet. In seinen Wohnungen und Häusern waren rund 800 sakrale Gegenstände aus Kirchen sichergestellt worden.

Die Mutter des amerikanischen Präsidenten Jimmy, Lilian Carter, kauft in Texas ein ländliches Klo. Sie erklärt, es sähe genauso aus wie das Klo, das Jimmy benutzt hat, als er noch ein Junge war.

Alfred Neubauer, früherer Rennleiter von Mercedes-Benz, verstirbt im Alter von 89 Jahren in seinem Wohnort Aldingen am Neckar.

Der Münchener Karlheinz Rummenigge wird zum „Fußballer des Jahres" gewählt. Mit 343 Stimmen liegt er deutlich vor Paul Breitner, der 81 Stimmen erhält.

September

Die westliche Ölversorgung ist bedroht. Irak erklärt den Grenzvertrag mit Iran von 1975 für null und nichtig. Irakische Truppen greifen an. Sie wollen die Kontrolle über die Straße von Hormuz erringen und die Regierung von Ayatollah Khomeini stürzen. Die Iraker unterschätzen offensichtlich die Kampfbereitschaft der iranischen Armee. Luftwaffen beider Seiten fliegen Angriffe gegen die Hauptstädte und die Erdölförder- und Verarbeitungsanlagen.

Rund 200 000 Menschen feiern in München das Oktoberfest, als in einem Papierkorb am Haupteingang eine Bombe explodiert. Menschen und Körperteile fliegen durch die Luft. 13 Menschen kommen ums Leben, 219 werden zum Teil schwer verletzt. Attentäter ist vermutlich ein 21jähriger Rechtsradikaler, der ebenfalls getötet wird. Das Oktoberfest geht weiter.

Westberliner Bedienstete der DDR-Reichsbahn streiken und fordern höhere Löhne und soziale Verbesserungen. Der S-Bahnverkehr in der Stadt und auch der Güter- und Interzonenfernverkehr kommt zeitweilig zum Erliegen. Die Reichsbahn reagiert mit fristlosen Kündigungen und läßt das Stellwerk Berlin-Halensee mit Äxten aufbrechen und die Arbeiter mit Hunden vertreiben.

September

Rüdiger von Wechmar (Mitte), Botschafter und ständiger Vertreter der Bundesrepublik bei den Vereinten Nationen, wird zum Präsidenten der 35. UN-Vollversammlung bestellt. In seiner Antrittsrede fordert von Wechmar, die reichen Länder dürften nicht mehr länger eine neue und gerechtere Wirtschaftsordnung auf der Welt verschleppen.

Um einem Bürgerkrieg zuvorzukommen, putschen die Militärs in der Türkei. Der Putsch ist unblutig. Das Parlament wird aufgelöst, das Land unter Kriegsrecht gestellt. Der neue türkische Ministerpräsident, Marine-Befehlshaber Admiral Bülent Ülüsü, verpflichtet sich in einer Erklärung im Mausoleum Atatürks, die Politik des Gründers der modernen Türkei fortzusetzen.

Der lange Streik der polnischen Arbeiter endet mit einem großen Erfolg. Sie können eine unabhängige Gewerkschaft mit dem Recht zum Streik gründen. Sensationell für einen kommunistischen Staat. Der polnische KP-Chef Edwar Gierek wird angeblich wegen Krankheit abgelöst. Lech Walesa wird nach seinem Erfolg auf den Schultern seiner Freunde getragen.

September

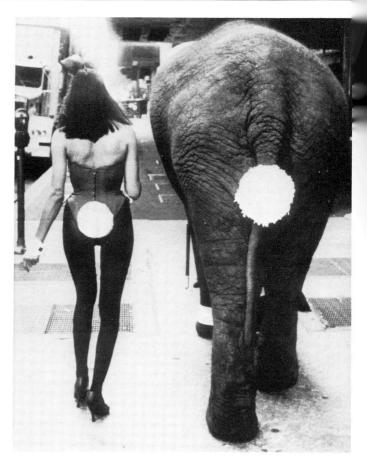

Rund 2000 meist jugendliche Teilnehmer, dabei rund 400 Türken, demonstrieren in Hildesheim gegen das britische Manöver „Speerspitze". Es ist die bisher größte Demonstration gegen ein Manöver in der Bundesrepublik. Starke Polizeikräfte aus verschiedenen Bundesländern schützen die Kasernen so massiv, daß es zu keinen Ausschreitungen kommt.

Im Partnerlook trotten das Playboy-Häschen Anna und Jumbo Booper durch die Straßen von Chicago. Und all das für eine Unterhaltungsveranstaltung für die Kinder aus ganz Chicago.

Die Stadtverwaltung von Zürich schließt das Autonome Jugendzentrum. Danach kommt es zu den schwersten Ausschreitungen in der jüngsten Schweizer Geschichte. Die Schäden sind erheblich. Nach den Krawallen sichert die Polizei das geräumte Jugendzentrum mit Posten und Stacheldraht.

September

Das 28 Jahre alte Carlton House Hotel in Pittsburgh, USA, bricht in einer Staubwolke in sich zusammen. Nach sieben Sekunden hat die Sprengung Platz für ein neues 52stöckiges Gebäude geschaffen.

Die Stiftung Kaiser-Wilhelm-Gedächtniskirche ruft unter der Schirmherrschaft des Bundespräsidenten zur Spendenaktion auf. Rund 3,5 Millionen Mark sind für die Erhaltung und Renovierung des Kirchenbaues notwendig.

Der 41 Jahre alte Gießener Autohändler Jaromir Wagner hat den Ehrgeiz, in das Guiness-Buch der Rekorde zu kommen. Auf einem Flugzeug stehend will der tollkühne Mann bis nach New York kommen.

September

Ryan O'Neal, Hauptdarsteller des Welterfolgs „Love-Story", und die blonde Langmähne Farah Fawcett, Hollywood-Schönheit aus der Fernsehserie „Drei Engel für Charlie" wollen in Venedig heiraten.

Sophia Loren, Filmstar, soll 30 Tage ins Gefängnis und rund 26 400 Mark Strafe zahlen. Das entscheidet ein Berufungsgericht in Rom in letzter Instanz. Sophia hatte 1963 versäumt, eine Steuererklärung abzugeben. Inzwischen soll sie ein Gnadengesuch an Staatspräsident Pertini gesandt haben.

Der prominente südkoreanische Oppositionspolitiker Kim Dae Jung wird von einem Militärgericht in Seoul zum Tode durch den Strang verurteilt. Es hagelt Proteste in aller Welt, weil mit der Verurteilung die Menschenrechte verletzt worden seien. Auch Bundesaußenminister Genscher schaltet sich ein.

Alessandro Ponti, Sohn des Filmproduzenten Carlo Ponti aus erster Ehe, und die Nichte des Autokönigs Agnelli Priscilla heiraten im Badeort Porto Santo Stefano. Vater Ponti fehlt bei der Hochzeit. Gegen ihn liegt in Italien ein Haftbefehl wegen Devisenvergehens vor. Erster Gratulant ist die Mutter der Braut, Susanne Agnelli, Bürgermeisterin des Badeortes.

September

Max Schmeling, Deutschlands Box-Idol, feiert seinen 75. Geburtstag. Schmeling gründete seinen Ruhm auf den k.o.-Sieg über Joe Louis im Jahre 1936. Schmeling flieht vor dem Geburtstagsrummel nach Österreich in den Urlaub.

In München wird Paul Schockemöhle auf Deister Deutscher Meister der Springreiter. Er ist Nachfolger von Welt- und Europameister Gerd Wiltfang.

Oktober

Bundesvorsitzender Hans-Dietrich Genscher und Altbundespräsident Walter Scheel haben allen Grund zur Fröhlichkeit. Bei den Wahlen zum 9. Deutschen Bundestag ist die Freie Demokratische Partei der klare Gewinner. Während die SPD ihren Stimmenanteil nur um 0,3 Prozent verbessern kann, legt die FDP 2,7 Prozent zu. Die Unionsparteien büßen mit 4,1 Prozent erhebliche Verluste ein. SPD und FDP erklären, gemeinsam weiterregieren zu wollen.

Oktober

Die DDR erhöht völlig überraschend den Zwangsumtausch für Westbesucher auf 25 Mark. Die Zahl der Besucher geht schlagartig zurück. Die Bundesregierung protestiert vergeblich. Die Sperren an der Grenze in Berlin werden mit dornenbewehrten Stahlrosten und elektrischen Zäunen verstärkt. Die Arbeitsbedingungen der Journalisten aus der Bundesrepublik werden weiter eingeschränkt.

Gegen den Bau einer neuen Startbahn des Frankfurter Flughafens wird wieder protestiert. Einige der rund 3000 Demonstranten muß die Polizei von den Bäumen holen.

Freude in Deutschland und Italien. Die Kronzucker-Kinder sind wieder frei. Die Kidnapper, vermutlich sardische Banditen, haben die 15jährige Susanne, die 13jährige Sabine und ihren Cousin, den 15jährigen Martin Wächtler, knapp zehn Wochen nach der Entführung in der Toscana freigelassen. Der Erzbischof von Florenz, Benelli, soll die Vermittlerrolle gespielt haben. Die Eltern mußten ein Millionen-Lösegeld hinterlegen.

In vielen Teilen der Welt bebt die Erde. In Nordalgerien kommt es zu einer verheerenden Katastrophe. Das Beben fordert mindestens 20 000 Menschenleben, 44 000 werden verletzt und rund 380 000 obdachlos. Weltweite Hilfe soll die Not lindern.

Bei einem Beben in Mexiko werden mindestens 65 Menschen getötet und mehr als 300 verletzt. Ein Fotograf kann den Einsturz der Kirche während des Erdbebens festhalten.

Oktober

Im Keller der staatlichen Schule von Ortuellaa bei Bilbao in Spanien explodiert die Gasheizung. Viele Eltern und Verwandte hatten vor der Schule auf ihre Kinder gewartet. In den Trümmern kommen 52 Kinder um, 30 werden verletzt. Nahezu jede Familie im Ort ist von dem Unglück betroffen. Ein Vater trägt seine leblose Tochter aus den Trümmern des Schulgebäudes.

524 Passagiere und Mannschaften müssen das brennende Kreuzfahrtschiff „Prinsendam" aus Holland verlassen. Bei eiskalten Temperaturen warten sie in den Gewässern vor Alaska in ihren Rettungsbooten auf Hilfe. In der größten Seenotrettungsaktion der jüngsten Geschichte werden sie alle nach Stunden gerettet. Das Luxusschiff sinkt.

Den größten Goldfund dieses Jahrhunderts in Australien präsentiert in Melbourne der Premierminister des Bundesstaates Victoria, Dick Hamer. Der Klumpen ist 20 Zentimeter breit, 45 Zentimeter lang und 27,2 Kilo schwer. Er wird für eine Million Dollar zum Verkauf angeboten.

Bein soll im Modesommer 1981 wieder gefragt sein. Der Rocksaum rutscht bei den Kreationen der Modeschöpfer wieder höher. Der Hamburger Karl Lagerfeld setzt auf hochgeschlitzte Bermuda-Hosenröcke. Der Zentralverband des Deutschen Friseurhandwerks stellt für Herbst und Winter Frisuren zum Scheiteln und Schütteln vor.

In den Hochalpen zwingt früher Kälte- und Schnee-Einbruch die Bergbauern, ihr Vieh eher von den Almen zu holen. Der Alm-Abtrieb ist ungewöhnlich. Die geschmückten Tiere werden mit einem Boot über den Königssee übergesetzt.

Oktober

Alexej Kossygin, 76 Jahre alt, Ministerpräsident der Sowjetunion, tritt aus gesundheitlichen Gründen zurück. Er ist der erste Inhaber eines hohen Staatsamtes, der ohne erkennbare politische Zerwürfnisse aus dem Amt scheidet.

Walther Leisler Kiep hängt den Posten des Niedersächsischen Finanzministers an den Nagel und geht wieder nach Bonn. Er sieht dort für sich und die CDU größere Chancen.

Königin Elizabeth II., Oberhaupt der Anglikanischen Kirche, besucht im Rahmen ihrer Staatsvisite in Italien den Papst Johannes Paul II., der 1982 auch England besuchen will. Ehemann Prinz Phillip ist dabei.

Mutter Teresa, Friedensnobelpreisträgerin 1979, erhält von Papst Johannes Paul II. die Schlüssel zu einem Gebäude, in dem ausgesetzte Kinder unterkommen sollen. Die 70jährige hatte auf der Weltsynode der katholischen Bischöfe erklärt, Abtreibung solle durch Adoption bekämpft werden.

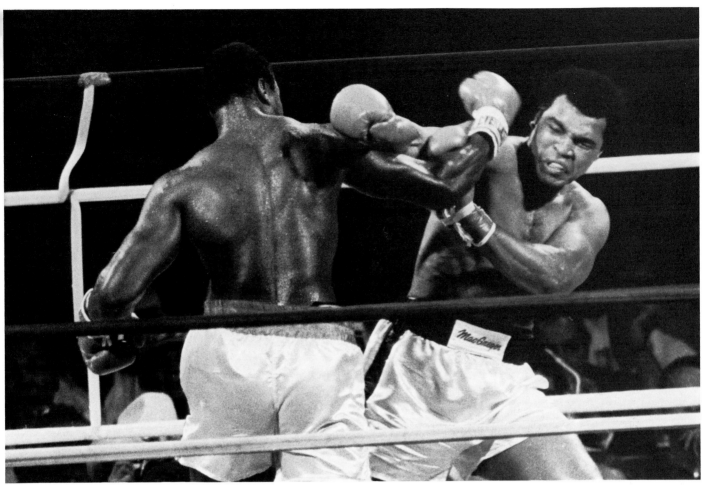

Der Versuch von Muhammad Ali, zum vierten Mal Schwergewichts-Boxweltmeister zu werden, mißlingt. In Las Vegas scheitert er an seinem früheren Sparringspartner, Larry Holmes, in der 11. Runde. Ali gibt auf.

Henry Ford II., 63 Jahre alt, aus der Ford-Dynastie, heiratet zum dritten Mal. Ehefrau wird die langjährige Gefährtin Kathy DuRoss, 40 Jahre alt und Witwe.

Carlo von Tiedemann, Moderator der Hamburger „Aktuellen Schaubude" und Späßchenmacher vom NDR, heiratet die Boutique-Besitzerin Dorothee Mattern in Hamburg.

NOVEMBER 1979

AUSLAND

1. Die Armee Boliviens stürzt den erst seit drei Monaten amtierenden zivilen Präsidenten Walter Guevara Arze. Oberst Alberto Natusch Busch wird zum Staatschef proklamiert. Unruhen brechen aus. Der Kongreß lehnt das Putschisten-Regime ab. Natusch Busch tritt zurück. Parlamentspräsidentin Lidia Gueiler wird neues Staatsoberhaupt.

4. Die amerikanische Botschaft in Teheran wird von jungen Iranern besetzt. Sie nehmen 63 amerikanische und einige asiatische Geiseln und fordern die Auslieferung des abgesetzten Schahs, der krebskrank in einem New Yorker Krankenhaus liegt. Hunderttausende demonstrieren vor der Botschaft, nachdem US-Präsident Jimmy Carter erstmals die Möglichkeit eines militärischen Eingreifens der USA angedeutet hatte. Khomeini ruft die ganze islamische Welt zum Kampf gegen die USA auf.

5. Die UNO-Hilfskonferenz für Kambodscha erbringt finanzielle Zusagen der vertretenen Regierungen von zusammen 210 Millionen Dollar.

6. Der iranische Ministerpräsident Mehdi Bazargan tritt mit seinem Kabinett zurück. Schiitenführer Khomeini beauftragt den islamischen Revolutionsrat mit der Führung der Staatsgeschäfte.

12. Südkoreas Regierungspartei wählt den früheren Ministerpräsidenten Kim Jong Pil zu ihrem Vorsitzenden als Nachfolger des ermordeten Park Tschung-Hi, der Staats- und Parteichef war.

Die USA beschließen, kein iranisches Öl mehr zu kaufen. Teheran verfügt die Einstellung der Erdöl-Lieferungen an die USA. Präsident Jimmy Carter ordnet das Einfrieren aller iranischen Geldeinlagen in den USA an, nachdem Teheran den Abzug dieser Guthaben angekündigt hatte.

13. Die erste umfassende Ost-West-Vereinbarung zum Umweltschutz wird am Genfer UNO-Sitz von fast allen europäischen Staaten, den USA und Kanada unterzeichnet. Sie gilt der Bekämpfung der grenzüberschreitenden Luftverschmutzung.

18. 400 000 Franco-Anhänger sagen vier Jahre nach dem Tode des Diktators bei einer Massenkundgebung der jungen spanischen Demokratie den Kampf an.

21. Etwa 500 schiitische Extremisten besetzen die Kaaba und die große Moschee in Mekka. Sie nehmen mehrere hundert Geiseln. Saudische Truppen schließen die Besetzer ein, nehmen einige von ihnen fest und befreien zahlreiche Geiseln. Am 25. wird die Moschee von der Nationalgarde gestürmt.

21. Wegen angeblicher Verwicklung der USA in die Moschee-Besetzung in Mekka stürmen jugendliche Araber und Pakistanis die US-Botschaft in Islamabad/Pakistan und brennen sie nieder. Drei Amerikaner und vier Pakistanis kommen ums Leben. Knapp 400 Amerikaner werden aus Pakistan evakuiert.

26. Beim Absturz einer pakistanischen Boeing 707 bei Dschidda/Saudi-Arabien kommen 156 Menschen ums Leben.

28. Eine neuseeländische DC-10 zerschellt auf einem Antarktis-Flug am Hang des Vulkans Erebus. Alle 257 Flugzeuginsassen kommen ums Leben.

29. Mexiko erklärt, es werde dem Schah wegen der radikal veränderten politischen Lage kein neues Einreisevisum erteilen.

30. Die dänische Krone wird gegenüber den Währungen des Europäischen Währungssystems um fünf Prozent abgewertet.

INLAND

1. In Berlin bestätigt der Landesparteitag der CDU den Landesvorsitzenden Peter Lorenz mit großer Mehrheit für weitere zwei Jahre in seinem Amt.

4. Ein Erdbeben der Stärke 3,2 der Richterskala erschüttert den Taunus.

6. Der Bundesgerichtshof unterbindet mit einem Urteilsspruch die oft geübte Praxis, bei Ladendiebstählen eine „Bearbeitungsgebühr" von gefaßten Dieben zu verlangen. Eine sich in vertretbarem Rahmen haltende „Fangprämie" soll der ertappte Kunde jedoch bezahlen müssen.

7. Die Verhandlungen zwischen den Ländern Schleswig-Holstein, Hamburg und Niedersachsen über einen neuen Staatsvertrag für den Norddeutschen Rundfunk (NDR) scheitern.

8. Der Bundestag definiert den Inlandsbegriff im neuen Umsatzsteuergesetz. Danach werden die Begriffe Inland und Ausland künftig durch die Bezeichnung „Erhebungsgebiet" und „Außengebiet" ersetzt.

9. Der Verwaltungsrat der Bundespost beschließt eine Senkung der Telefongebühren. Jeder Teilnehmer soll monatlich 20 freie Gebühreneinheiten und im Januar 1980 eine Gutschrift in Höhe von 30 Mark erhalten.

Der Landesvorstand der nordrhein-westfälischen FDP spricht sich einstimmig dafür aus, daß der Landesvorsitzende, Wirtschaftsminister Horst Ludwig Riemer, von seinem Amt als FDP-Vorsitzender zurücktreten soll, um die Führungskrise in der Partei zu beenden.

14. Als einziges Bundesland läßt das Saarland auch weiterhin die Möglichkeit von privatem Rundfunk gesetzlich zu.

15. Der Vorsitzende des Deutschen Beamtenbundes, Alfred Krause, wird auf dem Bundesvertretertag für weitere vier Jahre in dieses Amt gewählt. Er spricht sich nachdrücklich gegen Streiks von Beamten aus.

16. Der Landesvorsitzende der CDU-Rheinland, Heinrich Köppler, wird auf dem Landesparteitag mit 430 von 475 Stimmen in seinem Amt bestätigt.

Auf dem Landesparteitag der CDU Schleswig-Holsteins wird Ministerpräsident Dr. Gerhard Stoltenberg mit 352 von 356 Stimmen als Landesvorsitzender wiedergewählt.

17. Als letzte sozialdemokratische Landesorganisation schließt sich die niedersächsische SPD zu einem Landesverband zusammen.

Auf dem ersten ordentlichen Landesparteitag der SPD Hessen wird Ministerpräsident Holger Börner mit 195 von 251 abgegebenen Stimmen erneut zum Landesvorsitzenden gewählt.

18. Aus dem Kernkraftwerk Isar I in Ohu bei Landshut werden etwa 200 Liter radioaktives Kesselwasser abgelassen. Eine geringe Menge des Abwassers gelangt in den Isar-Seitenkanal.

Bundesforschungsminister Volker Hauff unterzeichnet in Peking Vereinbarungen über fünf deutsch-chinesische Forschungsprojekte.

19. Der mutmaßliche deutsche Terrorist Rolf Clemens Wagner wird nach einem Banküberfall in Zürich festgenommen. Drei andere Täter entkommen. Bei dem Überfall wird eine unbeteiligte Frau getötet.

Das Hamburger Nachrichtenmagazin „Der Spiegel" veröffentlicht, daß Bayern zwei asylsuchende Tschechen im Oktober 1978 in ihr Heimatland abgeschoben hat, nachdem sie illegal in die Bundesrepublik eingereist waren.

21. Der sowjetische Außenminister Andrej Gromyko trifft zu einem viertägigen Besuch in Bonn ein.

22. Der Sachverständigenrat veröffentlicht sein Jahresgutachten. Er kommt zu dem Schluß, daß für die deutsche Wirtschaft gute Aussichten bestehen, mit den Problemen des kommenden Jahres besser fertig zu werden als mit der Krise 1973/74.

23. Der frühere schleswig-holsteinische SPD-Landesvorsitzende Jochen Steffen tritt aus der SPD aus. Er begründet seinen Schritt damit, daß er sich in der SPD nicht mehr heimisch fühle.

28. Der FDP-Abgeordnete Richard Wurbs wird zum neuen Vizepräsidenten des Bundestages gewählt. Er ist Nachfolger von Liselotte Funcke, die als Wirtschaftsministerin in das nordrhein-westfälische Kabinett eingetreten ist.

30. Das Oberlandesgericht Düsseldorf verurteilt die Terroristin Angelika Speitel wegen gemeinschaftlich vollendeten und versuchten Mordes an zwei Polizeibeamten zu lebenslanger Freiheitsstrafe.

KULTUR

1. Die Choreographin Gise Furtwängler (62) stirbt in Hannover.

2. Eine große Ausstellung der Werke von Joseph Beuys wird im New Yorker Guggenheim-Museum eröffnet.

7. Die Stadt Neumünster stiftet einen mit 10 000 Mark dotierten Hans-Fallada-Preis.

Die Ausstellung „Forum junger Kunst", auf der das aktuelle Schaffen der jüngsten Künstlergeneration präsentiert wird, wird im Stuttgarter Kunstgebäude eröffnet (bis 9. Dezember).

20. Der aus der DDR ausgereiste Autor Günter Kunert nimmt in Braunschweig den Georg-Mackensen-Literaturpreis (5000 Mark) entgegen.

22. Gegen die „ständige Bedrohung der Meinungsfreiheit durch Zensur in den Medien" spricht sich das PEN-Zentrum der Bundesrepublik auf seinem Herbstkongreß in Gelsenkirchen aus.

WISSENSCHAFT

16. Der wiederverwendbare Raumtransporter „Space Shuttle" wird nach Angaben der amerikanischen Raumfahrtbehörde NASA nicht vor Mitte August 1980 starten können.

19. In der Wiederaufbereitungsanlage des Kernforschungszentrums Karlsruhe wurde die hundertste Tonne Kernbrennstoff aus deutschen Atomkraftwerken verarbeitet.

SPORT

3. Hanna Stobbe, Bundes-Kunstturnwartin im Deutschen Turner-Bund, erklärt zusammen mit dem Trainerrats-Vorsitzenden Hans Timmermann ihren Rücktritt.

7. Im Fußball-Europapokal überstehen alle sechs Mannschaften der Bundesrepublik die zweite Runde, im Meisterpokal des Hamburger SV und im UEFA-Pokal Cupverteidiger Borussia Mönchengladbach, Bayern München, der 1. FC Kaiserslautern, der VfB Stuttgart und Eintracht Frankfurt.

15. Die deutsche Fußball-Nationalelf der Amateure kann sich nicht für das Olympische Turnier qualifizieren. Sie scheidet mit einer 0:1-Niederlage in Baunatal gegen Norwegen aus.

19. Der englische Nationalspieler Tony Woodcock wechselt für 2,5 Millionen Mark vom Europapokalsieger Nottingham Forest zum 1. FC Köln. Die bislang höchste Transfersumme bezahlte der Hamburger SV mit zwei Millionen Mark für Keegan an den FC Liverpool.

23. Um die Olympischen Winterspiele 1988 wollen sich Garmisch-Partenkirchen und Berchtesgaden bewerben.

26. Taiwan muß den Namen seines Olympischen Komitees, seine Hymne und seine Flagge ändern, wenn es zukünftig an Olympischen Spielen teilnehmen will.

DEZEMBER 1979

AUSLAND

2. Bei den vorgezogenen Parlamentswahlen in Portugal erringt die Mitte-Rechts-Koalition der Demokratischen Allianz die absolute Mehrheit.

3. Ein zweitägiges Referendum über die neue iranische Verfassung geht zu Ende. Bei einer Abstimmungsbeteiligung von 65 % der Wahlbeteiligten stimmen über 99 % für die Verfassung. Am 6. 12. erheben sich in Täbris/Aserbeidschan Hunderttausende von Verfassungsgegnern, Anhänger des als gemäßigt geltenden Ayatollah Schariat-Madari. Kämpfe mit Revolutionsgarden fordern Tote und Verletzte.

Der US-Dollar fällt an der Frankfurter Devisenbörse auf seinen bisher tiefsten Stand: 1,7076 Mark.

4. In den Kellergewölben der „Großen Moschee" in Mekka werden – zwei Wochen nach ihrer Besetzung – die letzten Terroristen von saudischen Soldaten überwältigt. Bei den Kämpfen um die Moschee sind nach offiziellen Angaben insgesamt 75 Besetzer, 60 saudische Soldaten und 26 Pilger ums Leben gekommen; 170 Besetzer wurden festgenommen.

6. Tschoi Kju-Ha, seit der Ermordung Präsident Park Tschung-His amtierender provisorischer Staatschef, wird zum neuen Staatspräsidenten Südkoreas gewählt.

8. In Indonesien werden 2045 politische Gefangene freigelassen, die nach dem kommunistischen Putschversuch von 1965 ohne Gerichtsverfahren 14 Jahre lang in Haft waren.

10. Die 20 führenden westlichen Industriestaaten beschließen auf einer Ministerkonferenz der Internationalen Energieagentur in Paris, ihre Ölimporte bis 1985 um rund zwei Millionen auf 24 Millionen Barrel zu reduzieren.

2. Die NATO beschließt auf einer Ministerkonferenz in Brüssel die Modernisierung der in Westeuropa stationierten Mittelstreckenraketen. US-Präsident Jimmy Carter kündigt eine umfassende nukleare und konventionelle Modernisierung der US-Streitkräfte auf dem Sektor an.

Ein Erdbeben in Kolumbien fordert 680 Menschenleben.

15. Der Internationale Gerichtshof in Den Haag fordert Iran einstimmig auf, sofort alle amerikanischen Geiseln freizulassen und für die Unverletzlichkeit der besetzten US-Botschaft in Teheran zu sorgen. Iran erkennt die Zuständigkeit des Gerichts jedoch nicht an.

Der gestürzte Schah reist aus den USA nach Panama, das ihm Asyl gewährt, nachdem Mexiko ihm die Rückkehr nicht gestattet hatte.

17. Der US-Senat einigt sich auf eine Sonderabgabe für Ölgewinne, die innerhalb der nächsten zehn Jahre 178 Milliarden Dollar einbringen und vor allem zur Förderung der Produktion synthetischen Benzins dienen soll.

20. Die 13 OPEC-Staaten beenden eine viertägige Konferenz in Caracas/Venezuela ohne Einigung über ein neues Preisgefüge für Rohöl. Künftig wird jedes Mitgliedsland seine Exportpreise eigenständig festsetzen. Mehrere Staaten hatten bereits Preiserhöhungen um durchschnittlich 20 Prozent angekündigt.

21. Libyen entzieht dem Büro der palästinensischen Befreiungsorganisation PLO in Tripolis die Anerkennung und bricht damit praktisch die diplomatischen Beziehungen ab.

26. Der Goldpreis steigt zum ersten Mal in der Geschichte auf über 500 Dollar je Feinunze und erreicht am 31. den Rekordwert von 524 Dollar. Anfang 1979 hatte er 234 Dollar betragen.

27. Der afghanische Präsident Hafizullah Amin wird mit militärischer Unterstützung der Sowjetunion gestürzt, wegen angeblicher Verbrechen gegen das Volk zum Tode verurteilt und hingerichtet. Babrak Karmal, der Stellvertreter des von Amin abgesetzten Präsidenten Taraki war, übernimmt die Macht. Die islamischen Rebellen sagen auch den neuen Machthabern den Kampf an. Die sowjetische Einmischung löst weltweite Proteste aus.

28. Die Bevölkerung der VR China hat die Milliardengrenze erreicht, meldet die Pekinger „Volkszeitung".

31. Der Weltsicherheitsrat nimmt eine von den USA eingebrachte Resolution an, die Iran Sanktionen androht, sofern die in Teheran als Geiseln festgehaltenen Amerikaner nicht bis zum 7. Januar freigelassen werden.

INLAND

3. Auf dem Bundesparteitag der SPD in Berlin werden der Vorsitzende Willy Brandt und sein Stellvertreter, Bundeskanzler Helmut Schmidt, in ihren Ämtern bestätigt. Neuer zweiter Stellvertretender Parteivorsitzender wird als Nachfolger von Hans Koschnick Hans-Jürgen Wischnewski.

5. Die Bundesanstalt für Arbeit legt ihren Bericht für November vor: 799 000 Arbeitslose (Quote: 3,5 Prozent), 66 300 Kurzarbeiter, 285 100 offene Stellen.

Der ehemalige Baader-Meinhof-Anwalt Klaus Croissant, wegen Unterstützung einer kriminellen Vereinigung zu einer Freiheitsstrafe verurteilt, wird aufgrund einer Amnestie aus der Haftanstalt Stuttgart-Stammheim entlassen.

6. SPD-Schatzmeister Friedrich Halstenberg teilt mit, daß die Verhandlungen mit ungenannten Gesellschaftern über eine Übernahme der parteieigenen „Hamburger Morgenpost" gescheitert sind. Die „Morgenpost"-Mitarbeiter erhalten ihre Kündigung.

8. Die NRW-FDP wählt Innenminister Burkhard Hirsch auf einem Parteitag in Münster zum neuen Landesvorsitzenden. Sein Vorgänger Horst-Ludwig Riemer war im November auf Druck der Landtagsfraktion und des Parteivorstandes zurückgetreten.

10. Gunter Huonka (SPD) tritt sein Amt als neuer Staatsminister im Bundeskanzleramt an.

Von seiten des hessischen Umweltministeriums wird bestätigt, daß die Firma Hoechst AG seit längerem ungeklärte Abwässer in den Main leite.

Die DDR-Medien berichten über einen Beschluß des Ministerrats, vom 6. April bis 28. September 1980 die Sommerzeit einzuführen.

11. Carlo Schmid (83), SPD-Politiker und langjähriger Vizepräsident des Deutschen Bundestages, stirbt in Bonn.

14. Gegen die Stimmen der Opposition billigt der Bundestag den Haushalt des Bundes für 1980, der ein Ausgabevolumen von 214,48 Milliarden Mark hat, die zulässige Nettokreditaufnahme beträgt 24,2 Milliarden Mark. Der Bundesrat stimmt dem Etat zu.

Das Schleswig-Holsteinische Verwaltungsgericht in Schleswig weist die Klagen von Einzelpersonen und vier Gemeinden gegen die erste Teilerrichtungsgenehmigung für das Kernkraftwerk Brokdorf ab. Das Urteil ist noch nicht rechtskräftig.

15. Die NRW-CDU wählt auf ihrer Landesversammlung in Köln Heinrich Köppler erneut zum Vorsitzenden des Landespräsidiums.

Durch Verkündung im DDR-Gesetzblatt werden Erleichterungen im Kleinen Grenzverkehr mit der DDR wirksam. Statt bisher sechs Millionen Bundesbürger dürfen 7,2 Millionen zu Tagesbesuchen in grenznahe Gebiete der DDR reisen.

Vera Brühne, 1962 aufgrund von Indizien wegen Doppelmordes zu lebenslanger Haft verurteilt und im Mai 1979 begnadigt, wird aus der Haftanstalt Augsburg entlassen.

17. Das Statistische Bundesamt beziffert den Anstieg der Lebenshaltungskosten im November im Vergleich zum Vorjahresmonat auf 5,3 Prozent (Oktober 5,3 Prozent).

Der SPD-Bundestagsabgeordnete Conrad Ahlers wird zum neuen Intendanten der Deutschen Welle gewählt.

Der DDR-Generalstaatsanwalt teilt mit, daß im Zuge der Amnestie vom 10. 10. bis 14. 12. insgesamt 21 928 Personen aus dem Strafvollzug entlassen wurden. Westlichen Schätzungen zufolge waren nur rund 1500 politische Häftlinge darunter.

Drei ehemalige Mitarbeiter der Deutschen Bundesbank, die zur Vernichtung bestimmte Banknoten im Wert von 2,4 Millionen Mark gestohlen hatten, wurden vom Landgericht Frankfurt zu Freiheitsstrafen bis zu zwei Jahren mit Bewährung verurteilt.

19. Das Landesarbeitsgericht München untersagt mit einer Einstweiligen Verfügung einen für denselben Tag geplanten bundesweiten Rundfunk- und Fernsehstreik. Die Rundfunk-Fernsehen-Film-Union (RFFU) hatte damit gegen die drohende Auflösung des NDR protestieren wollen.

Wilhelm Kaisen (92), 1945 bis 1965 SPD-Regierungschef von Bremen, stirbt in der Hansestadt.

Auf das Münchner Büro der sowjetischen Fluggesellschaft Aeroflot wird ein Brandanschlag verübt, der Sachschäden in Höhe von 300 000 Mark verursacht. Zu dem Attentat bekennt sich ein exilukrainisches „Kommando 15. Oktober".

Das OLG Stuttgart verurteilt den ehemaligen Rechtsanwalt Siegfried Haag wegen Beihilfe zum Überfall auf die deutsche Botschaft in Stockholm zu 15 Jahren Haft. Im Juni war Haag wegen Mitgliedschaft zu einer terroristischen Vereinigung zu 14 Jahren verurteilt worden.

20. Bundesbankpräsident Otmar Emminger scheidet altersbedingt aus dem Amt. Der bisherige Vizepräsident Karl Otto Pöhl tritt Emmingers Nachfolge zum 1. 1. 1980 an.

21. Die New Yorker Citibank erwirkt beim Amtsgericht Essen einen vorläufigen Pfändungsbeschluß für iranische Anteile an der Fried. Krupp GmbH. Ende November hatte die New Yorker Bank Morgan Guaranty Trust Company Pfändungen veranlaßt.

24. Rudi Dutschke (39), führender Kopf der studentischen Außerparlamentarischen Opposition (APO) der 60er Jahre, stirbt in der dänischen Stadt Aarhus.

KULTUR

1. Der Neubau eines Museums für das Bauhaus-Archiv wird in Berlin feierlich eröffnet.

10. In Stockholm werden die Nobelpreise 1979 überreicht, darunter der für Literatur an den griechischen Lyriker Odysseas Elytis.

18. Dem katholischen Schweizer Theologen Prof. Hans Küng, der in Tübingen lehrt, wird von der vatikanischen Glaubenskongregation die kirchliche Lehrbefugnis entzogen.

22. Der Filmproduzent Darryl F. Zanuck (77) stirbt in Palm Springs (Kalifornien).

23. Die Kunstsammlerin Peggy Guggenheim (81) stirbt in Venedig.

25. Papst Johannes Paul II. widmet seine traditionelle Weihnachtsansprache den Kindern in aller Welt.

WISSENSCHAFT

1. Für das Gebäude des künftigen „Berliner Elektronenspeicherrings für Synchrotronstrahlung" (BESSY) wird der Grundstein gelegt. BESSY kostet 59 Millionen Mark.

12. Standort des deutschen Polarforschungsinstituts wird Bremen, beschließt das Bundeskabinett. Deutsche Forscher werden im Frühjahr 1981 in der Antarktis mit dem Aufbau einer eigenen Forschungsstation beginnen.

20. Der Däne Erik Quistgaard (58) wird neuer Generaldirektor der Europäischen Raumfahrtorganisation (ESA). Er löst den Engländer Roy Gibson ab, der die ESA seit 1975 leitete.

26. Nach zwei Fehlstarts wird die Europa-Rakete „Ariane" vom Raketenzentrum Kourou (Französisch-Guayana) zum ersten Testflug in 200 Kilometer Höhe geschossen. An der Entwicklung der Rakete, die als Träger für Fernmeldesatelliten verwendet werden soll, sind zehn europäische Staaten beteiligt.

JANUAR 1980

AUSLAND

1. UNO-Generalsekretär Kurt Waldheim fliegt zu einer Vermittlungsaktion in der Geiselaffäre nach Teheran, reist aber schon am 4. nach Demonstrationen und der Aufdeckung eines angeblichen Mordkomplotts gegen ihn unverrichteterdinge wieder ab.

Der italienische Altsozialist Pietro Nenni stirbt 88jährig in Rom an Herzversagen.

Bei einem Erdbeben auf den Azoren kommen mindestens 51 Menschen ums Leben.

2. In Großbritannien beginnt der erste nationale Stahlstreik seit mehr als 50 Jahren.

3. Eine neue portugiesische Regierung unter Ministerpräsident Francisco Sa Carneiro wird vereidigt. Sie besteht aus Mitgliedern der Mitte-Rechts-Koalition.

4. Die EG stellt ihre direkte Nahrungsmittelhilfe an Afghanistan ein.

US-Präsident Jimmy Carter kündigt schwerwiegende politische, wirtschaftliche und kulturelle Sanktionen gegen die Sowjetunion wegen derer Afghanistan-Intervention an, darunter eine drastische Kürzung der US-Getreidelieferungen, die Wiederaufnahme der Waffenlieferungen an Pakistan und einen möglichen Rückzug der USA von Olympischen Spielen in Moskau. Die wichtigsten westlichen Getreideexportländer unterstützen Carters Absichten.

5. Über 100 000 Menschen bekunden in Teheran und anderen Städten bei ruhig verlaufenden Demonstrationen mit anti-amerikanischem Akzent ihre Solidarität mit Khomeini.

6. Bei den Parlamentswahlen in Indien erringt die Partei der früheren Ministerpräsidentin Indira Gandhi eine Zweidrittel-Mehrheit. Frau Gandhi wird als Ministerpräsidentin vereidigt.

Der Regierungspräsident der Region Sizilien, Santi Mattarella, fällt in Palermo einem Anschlag zum Opfer.

7. Mit einem Veto blockiert die UdSSR eine Resolution des Weltsicherheitsrates, in der der sofortige Rückzug aller fremder Truppen aus Afghanistan gefordert wird. Die UNO-Vollversammlung verabschiedet eine entsprechende Resolution mit Zwei-Drittel-Mehrheit.

9. In Saudi-Arabien werden 63 Menschen hingerichtet, die der Beteiligung an der Moschee-Besetzung in Mekka im November 1979 für schuldig befunden wurden.

10. In Ankara wird im Gefolge der Afghanistan-Entwicklung ein türkisch-amerikanisches Abkommen über militärische Zusammenarbeit paraphiert, das den USA die Benutzung von 26 Stützpunkten in der Türkei ermöglicht.

11. Kubas Staats- und Regierungschef Fidel Castro tauscht 13 seiner Minister aus und übernimmt zusammen mit seinem Bruder Raul die Aufsicht über 4 Ministerien.

13. Der rhodesische Guerillaführer Joshua Nkomo kehrt nach über dreijährigem Exil in Sambia nach Simbabwe Rhodesien zurück.

14. Die UdSSR blockiert im Weltsicherheitsrat eine US-Resolution, in der Wirtschaftssanktionen gegen Iran gefordert werden, mit ihrem Veto. UNO-Flüchtlingskommissar Poul Hartling gibt die Zahl der Flüchtlinge in der Welt mit etwa 10–12 Millionen an.

15. Die iranische Regierung ordnet die Ausweisung aller amerikanischen Journalisten und für amerikanische Medien arbeitende Korrespondenten an. Auch Afghanistan verfügt die Ausweisung aller US-Journalisten.

18. In Japan wird der vermutlich größte Spionagefall der Nachkriegsgeschichte aufgedeckt. Der frühere Generalmajor Jukihisa Mijanaga, der drei Jahre für die UdSSR spioniert haben soll, und zwei aktive Offiziere werden verhaftet. Der Generalstabschef der japanischen Landstreitkräfte Nagano übernimmt die Verantwortung für die Affäre und tritt zurück.

20. Dem jugoslawischen Staats- und Parteichef Josip Broz Tito wird in Ljubljana das linke Bein amputiert.

Bei dem alljährlichen Amateur-Stierkampffestival in der nordkolumbianischen Stadt Sincelejo stürzt eine überfüllte Tribüne ab. Das Unglück fordert mindestens 222 Menschenleben.

21. Nach einer in Brüssel vorgelegten Statistik überstieg die Arbeitslosenzahl in der EG am Jahresende erstmals die 6-Millionen-Grenze.

Eine Maschine der iranischen Fluggesellschaft „Iran Air" stürzt unweit Teheran ab. Alle 120 Insassen kommen ums Leben.

22. Der sowjetische Regimekritiker Andrej Sacharow wird in Moskau festgenommen und in die Stadt Gorki abgeschoben. Alle staatlichen Auszeichnungen und Ehrungen werden ihm wegen seiner „subversiven Tätigkeit" aberkannt.

23. US-Präsident Jimmy Carter kündigt in seinem Bericht „Zur Lage der Nation" vor beiden Häusern des Kongresses an, die USA würden das Gebiet des Persischen Golfes notfalls mit Waffengewalt verteidigen.

25. Erstmals in der iranischen Geschichte wird ein Präsident gewählt. Als Sieger geht aus der Wahl der Wirtschafts- und Finanzminister Abdulhassan Bani-Sadr hervor.

In einem historischen Akt übergeben die israelischen Streitkräfte den westlichen Teil der ägyptischen Sinai-Halbinsel an Ägypten und erfüllen damit die letzte Bedingung für die Aufnahme normaler Beziehungen zwischen beiden Ländern.

27. Nach einer dreißigjährigen Feindschaft werden die Grenzen zwischen Ägypten und Israel offiziell geöffnet.

Der rhodesische Nationalisten- und Guerillaführer Robert Mugabe kehrt nach einem fünfjährigen Exil von Mozambique nach Simbabwe Rhodesien zurück.

28. Der ägyptische Staatspräsident Anwar el-Sadat ordnet die Ausweisung aller noch in Ägypten tätigen zivilen sowjetischen Experten und die Verringerung des sowjetischen Botschaftspersonals in Kairo um mehr als 80 Prozent an.

Die Außenminister der islamischen Welt verurteilen in Islamabad in einer einmütig verabschiedeten Entschließung die „sowjetische militärische Aggression gegen das afghanische Volk" und fordern einen unverzüglichen und bedingungslosen Abzug der sowjetischen Truppen aus Afghanistan.

INLAND

1. Gesetzliche Vorschriften werden wirksam: Sozial- und Unfallrenten steigen ebenso wie Unterhaltsansprüche von Kindern aus geschiedenen Ehen; Kinderbetreuungskosten können steuerlich geltend gemacht werden. Eine Erhöhung von Bezugsgrößen in der Sozialversicherung führt zu höheren Beitragszahlungen.

3. Der US-Dollar fällt auf einen neuen Tiefstand: in Frankfurt wird ein Kurswert von nur noch 1,7062 Dollar ermittelt.

4. Die Bundesanstalt für Arbeit legt den Bericht für Dezember 1979 vor: 866 800 Arbeitslose (Quote: 3,8%), 80 300 Kurzarbeiter, 268 200 offene Stellen. Im Jahresdurchschnitt 1979 wurden 876 100 (Quote: 3,8%) Arbeitslose gezählt.

Von Polizeikräften und Absperrungen gesichert beginnen bei Gorleben, Niedersachsen, Tiefbohrungen, mit denen die Eignung des Salzstocks für eine Atommülldeponie erkundet werden soll.

6. Eine „Revolutionäre Arbeitslosen-Zelle" verübt einen Bombenanschlag auf das Gebäude der Bundesanstalt für Arbeit in Nürnberg. Der Sachschaden wird auf mindestens eine Million Mark geschätzt.

10. Das Bundeskabinett veröffentlicht einen Bericht über die Jugendsekten.

11. Auf einem Parteitag der Hamburger FDP wird Klaus Brunnstein als Nachfolger von Helga Schuchardt zum neuen Landesvorsitzenden gewählt.

12. Auf einem Parteitag in Karlsruhe konstituieren sich „Die Grünen" als Bundespartei. Die Beschlußfassung über Programme und Vorstand wird vertagt.

13. In Frankfurt wird der Exilkroate Nicola Miličević – offenbar aus politischen Gründen – erschossen.

14. Das Statistische Bundesamt beziffert den Preisauftrieb für Dezember auf 5,4 (November: 5,3) Prozent. Für das Jahr 1979 ergab sich eine durchschnittliche Inflationsrate von 4,1 Prozent.

15. Eine Hauptversammlung des Elektrokonzerns AEG-Telefunken in Berlin billigt ein Sanierungskonzept für das verlustreiche Unternehmen. Herausragende Maßnahmen sind Umschichtungen des Aktienkapitals und ein Personalabbau um 13000 Beschäftigte. Neuer Vorstandsvorsitzender wird Heinz Dürr.

Die DDR-Reichsbahn kündigt 78 West-Berliner Mitarbeitern zum Monatsende.

16. Das Oberverwaltungsgericht Bremen erklärt die Kontrolle dienstlicher Telefongespräche bei Behörden für erlaubt.

17. In West-Berlin wird Smog-Alarm der Stufe I gegeben. Am 24. Januar muß erneut Alarmstufe I ausgelöst werden, weil die Luft über die zulässigen Grenzwerte hinaus durch Schwefeldioxid und Kohlenmonoxid verunreinigt war.

Bundesverteidigungsminister Hans Apel löst Generalmajor Gert Bastian vom Kommando einer süddeutschen Panzerdivision ab.

Das Bundeskabinett verabschiedet ein Gesetz zur Einführung eines fälschungssicheren Personalausweises.

Der Bundestag wählt – mit den Stimmen der Opposition – Karl-Wilhelm Berkhan erneut zum Wehrbeauftragten.

23. Die CDU-Ministerpräsidenten von Niedersachsen und Schleswig-Holstein, Ernst Albrecht und Gerhard Stoltenberg, legen ihren Staatsvertragsentwurf für den NDR als Zwei-Länder-Anstalt vor.

24. Der West-Berliner Senat und die DDR unterzeichnen ein Abkommen über die Neuordnung des unter östlicher Verwaltung stehenden Eisenbahnsüdgeländes. West-Berlin erhält ein 63 ha großes Gelände zur städtebaulichen Nutzung.

25. Das Kraftfahrt-Bundesamt in Flensburg gibt den Stand der Motorisierung am Jahresende 1979 bekannt: 22,6 Mill. PKW, 1,25 Mill. LKW, 655 000 Motorräder.

26. Auf ihrem Parteitag in Frankfurt bestätigt die „Bürgerpartei" Hermann Fredersdorf als Bundesvorsitzenden.

28. Die Hamburgischen Electricitätswerke (HEW) erklären, im Dezember Daten von Kunden dem Bundeskriminalamt zum Zweck der Terroristenfahndung weitergegeben zu haben.

30. In Bonn und Ost-Berlin wird die Verschiebung des geplanten Treffens zwischen Bundeskanzler Helmut Schmidt und SED-Chef Erich Honecker bekanntgegeben. Der Aufschub steht im Zeichen des Ost-West-Streits über Afghanistan.

Das Bundeskabinett beschließt den Jahreswirtschaftsbericht 1980, in dem ein Wirtschaftswachstum von 2,5 Prozent und eine Teuerungsrate von 4,5 Prozent angepeilt werden.

CHRONIK DER EREIGNISSE

Das Bundesinnenministerium verbietet die rechtsextremistische „Wehrsportgruppe Hoffmann".

31. Das OLG Stuttgart verurteilt die Rechtsanwälte Arndt Müller und Armin Newerla zu jeweils fünf Jahren Berufsverbot und mehrjährigen Haftstrafen. Beide sollen die terroristische RAF durch Kurierdienste unterstützt haben.

In einem Experten-Gutachten über die Auswirkungen der Reform des Abtreibungsparagraphen 218 wird darauf hingewiesen, daß sich die Zahl der Eingriffe in Grenzen hielt. Das Beratungsverfahren werde vielfach als diskriminierend empfunden.

KULTUR

14. Im Vatikan beginnt eine „Sondersynode" des niederländischen Episkopats, bei der die Einheit der in einen progressiven und einen konservativen Flügel gespaltenen Bischöfe wiederhergestellt werden soll.

15. Regisseur Götz Friedrich wird als neuer Generalintendant der Deutschen Oper Berlin vorgestellt.

WISSENSCHAFT

15. Mit „Cray 1" nimmt das Max-Planck-Institut für Plasmaphysik in Garching bei München den derzeit leistungsstärkeren Computer für wissenschaftliche Anwendung in Betrieb.

21. Angloamerikanische Wissenschaftler entdecken erstmals Wasserstoffwolken im All, die noch vom „Urknall", also von der Explosion bei der Entstehung des Weltalls vor 15 Milliarden Jahren, stammen sollen.

30. Die US-Behörden heben die Beschränkungen für genetische Experimente praktisch auf.

SPORT

2. Der Vorschlag des NATO-Generalsekretärs Luns, wegen der sowjetischen Intervention in Afghanistan auf eine Teilnahme an den Olympischen Spielen in Moskau zu verzichten, stößt auf die einhellige Ablehnung nationaler und internationaler Sportführer.

7. Die Olympischen Spiele sollen regelmäßig in Griechenland stattfinden. Diesen Vorschlag unterbreitet der griechische Ministerpräsident Karamanlis bei der Grundsteinlegung für das neue Athener Stadion.

12. Sepp Maier (35) erklärt seinen Rücktritt. Der 95fache Torhüter der deutschen Fußball-Nationalmannschaft und des FC Bayern München entschließt sich ein halbes Jahr nach seinem schweren Autounfall auf Anraten der Ärzte zu diesem Schritt.

13. IOC-Präsident Lord Killanin erklärt in Dublin, daß eine Verlegung der Olympischen Spiele in Moskau nicht in Frage kommt.

20. Die Sommerspiele werden auf jeden Fall in Moskau stattfinden. Diese Erklärung gibt Wladimir Popow, der stellvertretende Vorsitzende des sowjetischen Olympischen Organisationskomitees, in einem Fernsehinterview ab.

29. Werder Bremen entläßt seinen Trainer Wolfgang Weber. Er wird als Schuldiger der beiden Niederlagen zu Beginn der Bundesliga-Rückrunde betrachtet.

FEBRUAR 1980

AUSLAND

1. Die von protestierenden Landarbeitern besetzte spanische Botschaft in Guatemala City wird von guatemaltekischer Polizei gestürmt; 39 Menschen werden getötet. Spanien beschließt den Abbruch der diplomatischen Beziehungen.

Der frühere französische Gesundheits-, Arbeits- und Erziehungsminister Joseph Fontanet wird vor seiner Pariser Wohnung von Unbekannten angeschossen und stirbt am nächsten Tag an den Folgen seiner Verletzung.

3. Bei einem Angriff bewaffneter „Eindringlinge" aus dem Irak auf die iranische Grenzstation Gardeh Now seien 120 Menschen getötet, 50 verwundet und 25 als Geiseln verschleppt worden, wird in Teheran bekanntgegeben.

4. Die französische und die tunesische Botschaft in Tripolis/Libyen sowie das französische Konsulat in Bengasi werden von einer aufgebrachten Menschenmenge gestürmt und verwüstet.

5. 30 Angehörige einer linksextremen Organisation besetzen in San Salvador die spanische Botschaft und bringen zehn Personen in ihre Gewalt. Zur selben Zeit werden an sechs verschiedenen Plätzen des Landes weitere 370 Geiseln von militanten Gegnern der Junta festgehalten, um den Forderungen nach wirtschaftlichen und sozialen Reformen Nachdruck zu verleihen.

9. Die dritte Generalkonferenz der UNO-Organisation für industrielle Entwicklung (UNIDO) in Neu Delhi endet nach dreiwöchigen Verhandlungen in offener Konfrontation zwischen Industrie- und Entwicklungsländern.

12. Kenia, Somalia und Oman erklären sich grundsätzlich bereit, den USA Zugang zu Militärstützpunkten zu geben und ihnen die Lagerung von Ausrüstung und Treibstoff zu erlauben.

13. US-Präsident Jimmy Carter ordnet die Entsendung von 1800 Marinesoldaten und vier Kriegsschiffen in den Persischen Golf an.

15. Izmir, die zweitgrößte Stadt der Türkei, wird durch einen Generalstreik nahezu lahmgelegt, nachdem am Vortage Polizei und Militär eine seit einer Woche von Arbeitern besetzte Textilfabrik in Izmir gestürmt hatten, um einen Aufstand Tausender von Linksextremisten niederzuwerfen.

17. Indiens Ministerpräsidentin Indira Gandhi löst die Regierungen von neun der 22 indischen Bundesstaaten auf.

18. Bei den Parlamentswahlen in Kanada erringen die Liberalen des früheren Premiers Pierre Elliot Trudeau die absolute Mehrheit. Die Konservativen Ministerpräsident Joe Clarks erleiden eine vernichtende Niederlage.

19. Die neun EG-Außenminister schlagen eine international garantierte Neutralisierung Afghanistans vor, um damit den Rückzug der Sowjets aus diesem Land zu erreichen.

20. UN-Generalsekretär Kurt Waldheim ernennt eine unabhängige internationale Juristenkommission, die die iranischen Vorwürfe gegen den Schah und sein Regime untersuchen soll.

21. Mit deutlicher Mehrheit lehnt der 14. Parteitag der italienischen Christdemokraten eine Regierungszusammenarbeit mit den Kommunisten ab.

22. Afghanistans Hauptstadt Kabul wird angesichts schwerer Unruhen unter Kriegsrecht gestellt.

24. Elf Monate nach Unterzeichnung ihres Friedensvertrages tauschen Israel und Ägypten Botschafter aus.

Das israelische Pfund wird durch den aus biblischen Zeiten bekannten Schekel ersetzt.

26. Die US-Regierung verhängt im Zusammenhang mit der Afghanistan-Krise ein generelles Phosphat-Lieferverbot gegen die Sowjetunion.

27. Für die schwarze Bevölkerung Simbabwe Rhodesiens beginnen die ersten international anerkannten Parlamentswahlen. Rund 2,7 der 2,9 Millionen Wahlberechtigten nehmen an den dreitägigen Wahlen teil.

28. Schwerbewaffnete linksgerichtete Guerilleros nehmen in der Botschaft der Dominikanischen Republik in Bogotá/Kolumbien etwa 60 Geiseln, darunter 16 Botschafter verschiedener Länder, die zu einem Empfang in die Botschaft gekommen waren.

29. Der frühere israelische Außenminister Jigal Allon stirbt im Alter von 62 Jahren an den Folgen eines Herzinfarkts.

INLAND

1. Das Bundeskabinett beruft Rainer Barzel (CDU) zum neuen Koordinator für die deutsch-französische Zusammenarbeit. Barzel ist Nachfolger des im Dezember verstorbenen SPD-Politikers Carlo Schmid.

Das Stader Landgericht verurteilt den ehemaligen SS-Unterscharführer Erich Scharfetter zu lebenslanger Freiheitsstrafe wegen Mordes an 18 Juden in estnischen Konzentrationslagern.

5. Hamburgs Bürgermeister Hans-Ulrich Klose (SPD) stellt das Scheitern der Verhandlungen um eine Fortführung des Norddeutschen Rundfunks (NDR) als Dreiländeranstalt fest.

6. Die Bundesanstalt für Arbeit legt ihren Bericht für Januar vor: 1 036 500 Arbeitslose (Quote: 4,5 %), 98 100 Kurzarbeiter, 282 200 offene Stellen.

Das Bundesverfassungsgericht veröffentlicht einen Beschluß, in dem die friedliche Nutzung der Kernenergie als mit dem Grundgesetz vereinbar bezeichnet wird.

Das Bundeskabinett beschließt einen Gesetzentwurf zur Reform der Flensburger Verkehrssünderkartei. Künftig sollen nur noch gefährliche Verstöße registriert werden, die Bußgeld-Mindestgrenze für Eintragungen wird von 40 auf 100 Mark erhöht.

11. Die Vereinigten Flugtechnischen Werke (VFW) in Bremen geben die Trennung von ihrem niederländischen Partner Fokker (Amsterdam) bekannt. Die Entflechtung von VFW-Fokker steht im Zusammenhang mit einer von Bonn geförderten Neustrukturierung der deutschen Luft- und Raumfahrtindustrie.

12. Das Statistische Bundesamt beziffert die Zahl der Unternehmens-Zusammenbrüche im Jahre 1979 auf 5483 (1978: 5949).

13. Die Metall-Tarifpartner von NRW einigen sich auf 6,8 Prozent höhere Löhne und Sonderzahlungen für die unteren Tarifgruppen. Alle übrigen Bezirke der Branche übernehmen das Modell.

Der Bundestag beschließt ein Gesetz zur Bekämpfung der Umweltkriminalität und eine Novelle zum Hochschulrahmengesetz, wonach die Zwangsexmatrikulation für Langzeitstudenten wegfällt.

14. CSU-Generalsekretär Edmund Stoiber stellt sich im Gespräch mit Mitarbeitern des Süddeutschen Rundfunks hinter ein Zitat seines Parteivorsitzenden Franz Josef Strauß, der 1978 in bezug auf linke Schriftsteller von „Ratten und Schmeißfliegen" gesprochen hatte.

Das Statistische Bundesamt beziffert den Preisauftrieb im Januar auf 5,0 Prozent (Dezember: 5,4 %, November: 5,3 %).

16. Der britische Oberst Mark Coe wird in Bielefeld erschossen. Zu dem Attentat bekennt sich die illegale irische Terroristenorganisation IRA.

17. Bundesfinanzminister Hans Matthöfer erörtert in der Türkei eine geplante westliche Wirtschafts- und Militärhilfe.

18. Etwa 400 Teilnehmer aus 35 Ländern nehmen in Hamburg an einem wissenschaftlichen Forum der KSZE teil (bis 3. 3.). Das Schlußdokument betont die „Achtung der Menschenrechte und Grundfreiheiten durch alle Staaten".

19. Die SPD teilt mit, daß die parteieigene „Hamburger Morgenpost" weitergeführt werden soll. Das Blatt wird künftig zu 60 Prozent von dem Basler Verlag Greif AG und zu 40 Prozent von der SPD getragen.

Bundeskanzler Helmut Schmidt und SED-Chef Honecker erörtern in einem Telefongespräch den Stand der derzeitigen Verhandlungen zwischen beiden deutschen Staaten.

21. Das Bundeskabinett faßt eine Reihe wichtiger Beschlüsse: ein Steuerpaket für die Jahre 1981/82 soll die Steuerzahler um insgesamt rund 17 Milliarden Mark entlasten; Verbesserungen am Wohngeldgesetz begünstigen rund 1,7 Millionen Haushalte; die Erhebung einer Berufsbildungsumlage unterbleibt wegen eines ausreichenden Lehrstellenangebots der Wirtschaft; eine Störfall-Verordnung soll chemischen Umweltkatastrophen vorbeugen; Wahltag für den 9. Bundestag soll der 5. Oktober sein.

Vor dem Kammergericht Berlin beginnt der Prozeß gegen die mutmaßlichen Terroristen Gabriele Rollnik, Angelika Goder, Klaus Viehmann und Gudrun Stürmer. Wie in dem seit April 1978 laufenden Verfahren gegen sechs andere Mitglieder der „Bewegung 2. Juni" geht es insbesondere um die Ermordung von Kammergerichtspräsident Günter von Drenkmann und die Entführung von Peter Lorenz.

Der ARD-Fernsehkorrespondent Peter Miroschnikoff wird wegen eines nicht genehmigten Interviews aus Jugoslawien ausgewiesen.

22. Ein Parteitag der Hamburger SPD unterstützt den von Bürgermeister Hans-Ulrich Klose eingeleiteten liberalen Kurs in der Extremistenfrage. Kontroverse Diskussionen hatten sich am Fall des DKP-Lehrers Thomas Erdner entzündet.

23. Die Hamburger CDU bestätigt Jürgen Echternach im Amt des Landesvorsitzenden.

26. Der Bundesgerichtshof bestätigt den Freispruch von 13 niedersächsischen Hochschullehrern. Sie hatten 1977 den sogenannten „Mescalero"-Nachruf auf den ermordeten Generalbundesanwalt Siegfried Buback nachgedruckt.

27. Bei einer bundesweiten Fahndungsaktion werden zahlreiche illegale Waffen und große Mengen Sprengstoff sichergestellt.

Das Statistische Bundesamt beziffert die Zahl der Verkehrsopfer im Jahr 1979 auf 13 090.

28. Der Zentralbankrat der Deutschen Bundesbank erhöht den Diskontsatz auf sieben und den Lombardsatz auf 8,5 Prozent.

Das Bundesverfassungsgericht erklärt die wichtigsten Bestandteile der Eherechtsreform, das Zerrüttungsprinzip und den Versorgungsausgleich, für verfassungskonform.

KULTUR

1. Die Evangelische Kirche in Deutschland fordert die Kirchengemeinden zum Abschluß ihrer Tagung in Garmisch-Partenkirchen auf, sich für die berechtigten Erwartungen der muslimischen Einwanderer einzusetzen.

5. Das Land Bayern sagt geplante Ausstellungen der Bayerischen Staatsgemäldesammlungen in Moskau und Leningrad wegen der politischen Lage ab. Das Moskauer Bolschoi-Theater streicht ein in Frankreich vorgesehenes Gastspiel.

Rolf Hochhuths neues Stück „Juristen" erlebt gleichzeitig in Hamburg, Göttingen und Heidelberg seine Uraufführung.

22. Der Maler Oskar Kokoschka (93) stirbt in Villeneuve am Genfer See.

23. Elf Organisationen junger deutscher Filmemacher gründen in Berlin eine „Bundesvereinigung des Deutschen Films".

WISSENSCHAFT

22. Bis Ende 1982 soll die Zahl der acht verschiedenen Verpackungsgrößen von Arzneimitteln auf drei verringert werden, beschließen Krankenkassen, Kassenärzte, Pharma-Industrie und Apotheker.

SPORT

2. Der griechische Ministerpräsident Konstantinus Karamanlis schlägt in einem Brief an den IOC-Präsidenten Lord Killanin vor, die Gegend der antiken Olympia für immer zum Austragungsort der Olympischen Spiele zu bestimmen und dieses Gebiet durch ein internationales Abkommen zum neutralen und unverletzlichen Territorium zu machen.

4. Nach Mitteilung der US-Regierung haben bislang 21 Staaten ihre Unterstützung für einen Boykott der Olympischen Spiele in Moskau erklärt.

5. Der Exekutivausschuß der Vereinigung der Nationalen Olympischen Komitees wendet sich in Mexiko City geschlossen gegen einen Boykott der Spiele in Moskau.

8. Der von Paul Breitner (Bayern München) gestellte Antrag auf Aufhebung seiner automatischen Sperre nach der vierten gelben Karte wird vom Sportgericht des DFB zurückgewiesen. Breitner berief sich auf einen Regelverstoß des Schiedsrichters.

10. Einen Tag nach der 1:2-Niederlage gegen Schalke 04 beurlaubt der MSV Duisburg seinen Trainer Heinz Höher. Es ist die 99. Kündigung eines Trainers in der Fußball-Bundesliga.

Der amerikanische Außenminister Cyrus Vance appelliert anläßlich der Eröffnung der Vollversammlung des IOC in Lake Placid an das IOC, die Olympischen Spiele in Moskau abzusagen, zu verschieben oder zu verlegen.

11. Kevin Keegan, der Fußball-Star des deutschen Meisters Hamburger SV, unterschreibt beim englischen Erstdivisionär FC Southampton einen Zweijahresvertrag. Die Ablösesumme wird mit 1,7 Millionen Mark angegeben.

13. „Das Internationale Olympische Komitee hält an den Olympischen Spielen in Moskau fest." Diese Erklärung gibt der IOC-Präsident Lord Killanin nach der Sitzung des IOC in Lake Placid bekannt. Danach sprachen sich alle 73 Mitglieder für Moskau aus.

18. Die UdSSR werden auch bei einem USA-Boykott der Olympischen Spiele in Moskau zu den Olympischen Spielen nach Los Angeles kommen. Dies erklärt der sowjetische Sportminister Sergej Pawlow in Wien.

20. Die von USA-Präsident Carter gesetzte Frist für den Abzug der sowjetischen Truppen aus Afghanistan läuft ab. Carters Beschluß, die Olympischen Spiele in Moskau zu boykottieren, tritt damit in Kraft.

25. In Lake Placid gehen die XIII. Winterspiele zu Ende. Erfolgreichste Nation ist in den 38 Wettbewerben die Sowjetunion mit zehn Goldmedaillen vor der DDR mit neun. Auf die Bundesrepublik entfallen lediglich zwei silberne und drei bronzene Medaillen. Silber gewann Christa Kinshofer (Miesbach) im Slalom und Irene Epple (Seeg) im Riesenslalom, Bronzemedaillen fielen an die Biathlonstaffel über 4×7,5 Kilometer, an Anton Winkler (Berchtesgaden) im Rodeln und an die Eiskunstläuferin Dagmar Lurz (Dortmund). Erfolgreichster Teilnehmer an den Spielen war der amerikanische Eisschnelläufer Eric Heiden mit dem Gewinn aller fünf Goldmedaillen.

27. Die deutsche Fußball-Nationalelf gewinnt das letzte noch ausstehende Qualifikationsspiel zur Europameisterschaft in Bremen gegen Malta mit 8:0 (3:0).

MÄRZ 1980

AUSLAND

3. Der thailändische General Prem Tinsunalonda wird zum neuen Ministerpräsidenten seines Landes gewählt.

6. Zum neuen politischen Sekretär (Parteichef) der italienischen Christlich-Demokratischen Partei wird Flaminio Piccoli gewählt.

7. Im Ärmelkanal bricht der mit 26 000 Tonnen Heizöl beladene madagassische Tanker „Tanio" auseinander. Etwa 70 Kilometer bretonische Küste werden von Öl verschmutzt.

9. Die Bevölkerung des spanischen Baskenlandes wählt zum ersten Mal ein eigenes Parlament. Sieger ist die Baskische Nationalistenpartei.

11. Der aus den Wahlen zum ersten Parlament des unabhängigen Staates Simbabwe als Sieger hervorgegangene Präsident der ZANU-PF, Robert Mugabe, stellt sein erstes Kabinett vor. Es setzt sich aus 20 schwarzen und zwei weißen Ministern zusammen.

12. Der spanische Supertanker „Maria Alejandra" explodiert vor der Küste Mauretaniens. Das Unglück fordert 36 Menschenleben. Die Tanks waren leer.

14. Beim Absturz einer „Iljuschin 62" der staatlichen polnischen Fluggesellschaft kommen in Warschau 87 Menschen ums Leben.

19. Der iranische Revolutionsführer Khomeini verkündet eine Teilamnestie, die Militärs, Polizisten und ehemaligen Agenten des früheren Geheimdienstes Savak zugute kommen soll.

Die italienische Regierung Cossiga tritt zurück.

20. In Schweden findet eine Volksabstimmung über die weitere Nutzung der Kernkraft statt. Mit einer Mehrheit von 58,1 % spricht sich die Bevölkerung für einen weiteren begrenzten Ausbau von Atomkraftwerken aus.

Bei einer Wahlbeteiligung von 98,87 % finden in Polen die Parlaments- und Wojwodschaftsrätewahlen statt.

24. Der Ex-Schah von Iran Mohammed Reza Pahlevi trifft in Kairo ein.

Die verheerende Ölpest vor der Küste von Campeche im Golf von Mexiko, die seit dem 3. Juni 1979 eine ökologische Katastrophe verursacht hatte, wird gestoppt.

Der Erzbischof von San Salvador, Oscar Arnulfo Romero (65), wird von einem unbekannten Täter beim Lesen einer Totenmesse erschossen. Bei seiner Beisetzung kommt es zu Bombenexplosionen und Schießereien; dabei kommen mindestens 40 Menschen ums Leben.

27. In Budapest geht der XII. Parteitag der Ungarischen Sozialistischen Arbeiterpartei zu Ende. Janos Kadar wird als 1. Sekretär der Partei bestätigt.

Die Versorgungsplattform Alexander Kielland kentert im norwegischen Ölfeld Ekofisk. Das Unglück fordert 123 Menschenleben.

INLAND

---

1. In Münster wird der britische Militärpolizist Stewart Leach durch Schüsse schwer verletzt. Der Anschlag geht auf das Konto der irischen Terrororganisation IRA.

2. Auf der Frankfurter Frühjahrsmesse zeigen rund 3100 Aussteller aus 54 Ländern Produkte aus dem Konsumgüterbereich. Bilanz: positiv, trotz deutlich höherer Preise.

3. Das Landesarbeitsgericht Düsseldorf hat nach Mitteilung der Arbeitgeber in zwei Entscheidungen die Stahlarbeiter-Aussperrung vom Winter 1978/79 für rechtmäßig erklärt.

Prof. Horst Sendler übernimmt das Amt des Präsidenten des Bundesverwaltungsgerichts in Berlin.

5. Die Bundesanstalt für Arbeit legt ihren Bericht für Februar vor: Rückgang der Arbeitslosenzahl auf 992 500 (Quote: 4,3 Prozent), 101 600 Kurzarbeiter, 312 600 offene Stellen.

5. Wilhelm Hoegner (SPD), bayerischer Ministerpräsident 1945/46 und 1954/57, stirbt im Alter von 92 Jahren in München.

6. Der Bundestag verabschiedet ein Lärmschutzgesetz. Für Lärmsanierung und -vorsorge an Straßennetz und Schienenwegen muß künftig pro Jahr eine Milliarde Mark aufgewendet werden.

Das Bundeswirtschaftsministerium beziffert den Umfang des innerdeutschen Handels im Jahre 1979 auf 9,884 Milliarden Mark (Lieferungen in die DDR: rd. 5,1 Mrd., Bezüge aus der DDR: rd. 4,8 Mrd. Mark).

7. Bei einem Bombenanschlag auf das sowjetische Generalkonsulat in West-Berlin entsteht erheblicher Sachschaden.

9. Auf der Leipziger Frühjahrsmesse sind 9000 Aussteller aus 65 Staaten vertreten. Prominenteste Besucher aus dem Westen sind Bundesernährungsminister Josef Ertl und der niedersächsische Finanzminister Leisler Kiep.

Auf mehrere Banken und eine Zeitungsfiliale sowie ein Kaufhaus in West-Berlin werden Brandanschläge verübt. Als mutmaßliche Täter ermittelt die Polizei Mitglieder einer linksextremistischen Gruppe.

10. Die maoistisch orientierte Kommunistische Partei Deutschlands (KPD) gibt ihre Auflösung bekannt. Die 1970 gegründete Organisation war wiederholt durch Gewalttätigkeiten ihrer Anhänger in Erscheinung getreten.

11. Das Statistische Bundesamt beziffert den Preisauftrieb im Februar auf 5,6 Prozent (Januar: 5,0 %).

Bei Belfast (Nordirland) wird die Leiche des im Dezember 1973 entführten deutschen Managers Thomas Niedermayer gefunden.

12. Das Bundeskabinett beschließt eine Verordnung zum Ausländergesetz, die den Visumzwang für Bürger von Afghanistan, Äthiopien und Sri Lanka einführt. Der Bundesrat stimmt zu.

Der NRW-Landtag beschließt ein neues Polizeigesetz, das die von der CDU geforderte Mitbestimmung über den „Rettungsschuß" jedoch nicht enthält.

Der SPD-Vorsitzende Willy Brandt trifft in Straßburg mit dem KPI-Generalsekretär Enrico Berlinguer zusammen.

13. Die Tarifpartner des Bankgewerbes einigen sich in Düsseldorf auf eine 6,8 %ige Gehaltserhöhung.

16. Bundeswirtschaftsminister Otto Graf Lambsdorff besucht Polen. Ergebnis: Zusage von Hermes-Kreditbürgschaften bis zu 500 Millionen Mark.

Bei der Wahl zum baden-württembergischen Landtag gelingt den „Grünen" – bei Stimmverlusten von CDU und SPD – der Einzug in den Landtag. Die FDP verzeichnet einen leichten Gewinn; Ergebnis: CDU 53,4 % (−3,3), 68 Mandate, SPD 32,5 % (−0,8), 40 Mandate, FDP 8,3 % (+0,5), 10 Mandate, Grüne 5,3 % (−), 6 Mandate, sonstige 0,5 % (−0,8), −. Nach der Wahl tritt Erhard Eppler als SPD-Fraktionsvorsitzender zurück. Nachfolger wird Ulrich Lang.

17. In der Haftanstalt Zweibrücken wird ein 20jähriger Häftling, der einen Mitgefangenen als Geisel genommen hatte, von der Polizei erschossen.

18. Der Bundesgerichtshof entscheidet, daß Ärzte oder Krankenhäuser für Schwangerschaften infolge einer fehlerhaften Sterilisation unterhaltspflichtig werden können.

Der Berliner Senat und die DDR schließen ein neues Fünf-Jahres-Abkommen über die Abnahme von West-Berliner Abwässern durch die DDR.

19. Die Bundestagsparteien CDU, CSU, SPD und FDP unterzeichnen in Bonn ein Wahlkampfabkommen, das zu Fairneß und Kostenbegrenzung verpflichtet. Eine Schiedskommission unter Vorsitz des evangelischen Bischofs Hermann Kunst soll die Einhaltung der Vereinbarung überwachen.

20. Bundeskanzler Helmut Schmidt gibt vor dem Bundestag eine Regierungserklärung zur Lage der Nation ab. In der anschließenden Debatte warnt die Koalition vor negativen Folgen der Afghanistan-Krise für das innerdeutsche Verhältnis, die Opposition spricht von mangelnder Solidarität mit den USA.

21. Auf ihrem Bundesparteitag in Saarbrücken verabschieden „Die Grünen" ein Programm, das linke Positionen u. a. zur Wirtschafts- und Verteidigungspolitik bezieht. Zu gleichberechtigten Bundesvorsitzenden werden August Haußleiter, Petra Kelly und Norbert Mann gewählt.

Der hessische Umweltminister Willi Görlach (SPD) tritt zurück.

Die Tarifpartner der Druckindustrie einigen sich auf eine 6,8 %ige Lohnerhöhung.

Hans Dichgans, CDU-Bundestagsabgeordneter von 1961 bis 1972, stirbt im Alter von 72 Jahren.

CHRONIK DER EREIGNISSE

23. Auf das Gebäude des Bundesarbeitsgerichts in Kassel wird ein Sprengstoffanschlag verübt, der rund 100 000 Mark Sachschaden anrichtet.

24. Der „Mordprozeß ohne Leiche" vor dem Ulmer Schwurgericht endet mit Freispruch für den Ingenieur Werner Blass. Ihm war vorgeworfen worden, 1976 seine Ehefrau auf seiner Bodenseeyacht ermordet zu haben.

Das OLG Düsseldorf verurteilt den Diplom-Soziologen Karl-Heinz Glocke wegen Spionage für die DDR zu 2 3/4 Jahren Haft.

25. Der baden-württembergische Ministerpräsident Lothar Späth gibt die Umbildung seines CDU-Kabinetts bekannt: neuer Kultusminister wird Gerhard Mayer-Vorfelder, das Sozialministerium übernimmt Dietmar Schlee. Drei weitere Ressors werden umbesetzt.

Sechs Beamte des Zollamts Kieferfelden-Kufstein werden zum Teil vorübergehend festgenommen, weil sie wegen Schmiergeldzahlungen Lastzüge im Verkehr mit Österreich bevorzugt abgefertigt haben sollen. Ein Zöllner nimmt sich das Leben.

Die Staatsanwaltschaft Lübeck ermittelt gegen Ärzte des Kreiskrankenhauses Oldenburg (Ostholstein), wo infolge fehlerhafter Narkosebehandlungen mehrere Patienten gestorben sein sollen.

Die Intendanten der ARD einigen sich auf ihrer Sitzung in Frankfurt auf die Einführung eines bundesweiten Vormittagsprogramms von 1981 an.

27. Die Tarifparteien des Baugewerbes einigen sich in Dortmund auf 6,6 Prozent mehr Lohn.

Das OLG Düsseldorf verurteilt den Kölner Regierungsobersekretär Peter Johann Tepper wegen Spionage für die DDR zu vier Jahren und drei Monaten Haft.

28. Die Tarifpartner des öffentlichen Dienstes einigen sich auf Einkommensverbesserungen von 6,3 Prozent.

Das Bundesdisziplinargericht in Frankfurt spricht den Postbeamten Hans Peter vom Vorwurf einer Dienstpflichtverletzung im Zusammenhang mit seiner DKP-Zugehörigkeit frei.

KULTUR

5. Winifred Wagner (82), die Schwiegertochter Richard Wagners und langjährige Leiterin der Bayreuther Festspiele, stirbt in Überlingen am Bodensee.

Der Haushaltsausschuß des Bundestages gibt 16,5 Millionen Mark für die Errichtung von drei Fonds zur Förderung des zeitgenössischen Kunstschaffens frei.

6. Die Schriftstellerin Marguerite Yourcenar wird als erste Frau in die „Academie Française" gewählt.

9. Die Schauspielerin Olga Tschechowa (82) stirbt in München-Obermenzing.

15. Die 16. große Ausstellung des Europarates, die der Spätrenaissance unter den Medici gewidmet ist, wird in Florenz eröffnet.

18. Der Psychoanalytiker und Philosoph Erich Fromm (80) stirbt in Muralto bei Locarno.

24. Edmund Gleede wird zum neuen Ballett-Direktor an der Bayerischen Staatsoper in München bestellt.

30. Der Musiker Annunzio Paolo Mantovani (74) stirbt in Tunbridge Wells (Südengland).

WISSENSCHAFT

6. Wissenschaftlern des Instituts für Festkörperforschung an der Kernforschungsanlage Jülich ist es gelungen, bis auf ein zwanzigtausendstel Grad an den absoluten Nullpunkt von minus 273,15 Grad Celsius heranzukommen. Dies wurde auf der 44. Jahrestagung der Deutschen Physikalischen Gesellschaft in Bielefeld mitgeteilt.

26. Der sowjetische Raumtransporter „Sojus T" kehrt nach drei Monaten Aufenthalt im All zur Erde zurück. Laut TASS sind alle Kopplungsflüge mit der Raumstation „Saljut 6" und die weiche Landung im vorgesehenen Zielgebiet erfolgreich verlaufen.

In Paris wird die Gesellschaft „Arianespace" als Verkaufsorganisation der Europa-Rakete Ariane gegründet.

SPORT

2. Bei den Hallen-Europameisterschaften der Leichtathleten in Sindelfingen stellt die Bundesrepublik vier Europameister und gewinnt darüber hinaus noch jeweils vier silberne und bronzene Medaillen. Europarekorde werden dabei über 1500 m durch Thomas Wessinghage mit 3:37,54 Minuten und über 60 Meter durch Christian Haas mit 6,55 Sekunden aufgestellt.

3. Ein Bestechungsskandal im italienischen Fußball wird aufgedeckt. Die Mailänder Zeitung „Giornale" veröffentlicht die Namen von 27 Fußballspielern, die Gelder zwecks Beeinflussung von Spielen entgegengenommen haben.

8. Ihren 4000. Sieg hintereinander schaffen die Basketball-Artisten der Harleem Globetrotters. Zuletzt wurden die Globetrotters 1971 besiegt.

16. Bei den Eiskunstlauf-Weltmeisterschaften in Dortmund wird Dagmar Lurz (Dortmund) Vize-Weltmeisterin hinter Anett Pötzsch (DDR) und verabschiedet sich damit vom aktiven Sport.

19. Zum ersten Mal in der Geschichte des UEFA-Pokals erreichen alle vier bundesdeutschen Mannschaften das Halbfinale: Der VfB Stuttgart, Eintracht Frankfurt, Bayern München und Cup-Verteidiger Borussia Mönchengladbach.

31. Im Alter von 66 Jahren stirbt in Tucson/Arizona der vierfache Leichtathletik-Olympiasieger von 1936, Jesse Owens, an den Folgen eines Lungenkrebs.

APRIL 1980

AUSLAND

2. Die EG und Jugoslawien schließen einen Vertrag über wirtschaftliche Zusammenarbeit.

3. Ein drei Monate langer britischer Stahlarbeiterstreik ist beendet: Die Arbeiter nehmen die Arbeit wieder auf, nachdem sie Lohnaufbesserungen um 15,5 % akzeptiert hatten.

4. Der italienische Christdemokrat Francesco Cossiga bildet eine Koalitionsregierung aus Christdemokraten, Sozialisten und Republikanern.

Kuba zieht wegen Differenzen mit Peru seine Wachen vor der peruanischen Botschaft in Havanna ab. Danach beginnt ein Zustrom asylsuchender Kubaner, deren Zahl auf fast 11 000 steigt. Kuba erklärt sich bereit, alle unzufriedenen Bürger ausreisen zu lassen.

5. Ein Vertrag über die Stationierung sowjetischer Truppen in Afghanistan ist von beiden Ländern ratifiziert worden.

7. Die USA brechen die diplomatischen Beziehungen zu Iran ab und verhängen neue Handelsbeschränkungen.

9. Der belgische Ministerpräsident Wilfried Martens tritt zurück. Er scheiterte an dem Versuch, den Sprachenstreit zwischen Flamen und Wallonen durch Umwandlung Belgiens in einen Bundesstaat zu beenden.

12. Bei einem Militärputsch in Liberia wird Staatspräsident William Tolbert getötet. Der 28jährige Putschführer, Hauptfeldwebel Samuel Doe, wird neues Staatsoberhaupt.

15. Die indische Ministerpräsidentin Indira Gandhi verfügt die Verstaatlichung sechs weiterer Großbanken.

18. Simbabwe Rhodesien wird von Großbritannien als neue Republik Simbabwe in die Unabhängigkeit entlassen.

21. Iran stellt alle Öllieferungen an Japan ein, nachdem zwölf japanische Ölimportfirmen die Zahlung höherer Preise verweigert hatten.

22. Die EG-Länder einigen sich in Luxemburg auf diplomatische und wirtschaftliche Iran-Sanktionen, die im Mai verhängt werden sollen, wenn die US-Geiseln bis dahin nicht frei sind.

24. Nach dem Ausbruch neuer Kämpfe in Kurdistan bitten die iranischen Kurden die UNO und das Rote Kreuz um Hilfe.

25. Eine US-Militäraktion zur Befreiung der amerikanischen Geiseln in Teheran scheitert.

Beim Absturz eines britischen Charterflugzeugs auf Teneriffa finden 146 Menschen den Tod.

28. US-Außenminister Cyrus Vance tritt aus Protest gegen die Rettungsaktion für die amerikanischen Geiseln in Teheran zurück. Senator Edmund Muskie wird Nachfolger.

Auf der EG-Gipfelkonferenz in Luxemburg scheitern erneut Verhandlungen über den britischen Beitrag zum EG-Haushalt.

30. Kronprinzessin Beatrix besteigt als neue Königin der Niederlande den Thron. Ihre Mutter, Königin Juliane, dankt ab. Die Feierlichkeiten werden von Straßenschlachten überschattet.

Drei bewaffnete Araber aus der nach Autonomie strebenden iranischen Provinz Khusistan besetzen die iranische Botschaft in London und nehmen 21 Geiseln.

Die USA blockieren im Weltsicherheitsrat mit ihrem Veto eine Resolution, in der das Recht der Palästinenser auf Selbstbestimmung, einschließlich des Rechts auf Staatsgründung, festgelegt werden sollte.

INLAND

1. Mehrere Gebührenänderungen für Telefongespräche treten in Kraft. Die wichtigste Änderung ist die Ablösung des bisherigen Feierabendtarifs und des Mondscheintarifs durch den sogenannten Billigtarif.

Der neue Inspekteur der Bundesmarine, Admiral Ansgar Bethge, übernimmt sein Amt, in dem er Vizeadmiral Günter Luther ablöst.

2. Die Bundesanstalt für Arbeit legt ihren Bericht für März vor: Rückgang der Arbeitslosenzahl auf 875 900 (Quote: 3,8 Prozent); Kurzarbeiter 93 500; offene Stellen 337 000.

4. Nach einer Gedenkfeier im ehemaligen Konzentrationslager Dachau beginnt eine Gruppe von Zigeunern einen unbefristeten Hungerstreik.

6. In der Bundesrepublik und der DDR wird die Sommerzeit eingeführt.

7. Mit dem Abzug einer Artillerie-Einheit aus Oschatz (etwa 100 Soldaten) wird der sowjetische Truppenabzug aus der DDR fortgesetzt.

8. Die belgische Sekretärin des Internationalen Sekretariats der NATO, Imelda Verrept, bittet aus „persönlichen Gewissensgründen" um politisches Asyl in der DDR.

10. In einem Urteil bestätigt der Bundesgerichtshof wiederholt, daß Verträge für gewerbsmäßige Fluchthilfe aus der DDR nicht gegen ein gesetzliches Verbot verstoßen.

Der Inlandsflugverkehr der DDR-Luftfahrtgesellschaft Interflug wird bis auf weiteres eingestellt.

Der Kieler Oberstaatsanwalt Heinz Ludwig bestätigt, daß aus der Kieler Kunsthalle ein Münzschatz von mehreren Millionen Mark gestohlen worden sei.

11. Im Hamburger Stadtteil Winterhunde werden 35 Fässer mit hochgiftigen Substanzen gefunden, die den Boden in der Umgebung eines Galvanisierungsbetriebes verseucht haben.

13. Mit Hilfe einer Sprengladung wird der wegen Erpressung inhaftierte italienische Gastwirt Arcangelo Maglio aus der Wuppertaler Justizvollzugsanstalt Bendahl befreit. Dabei gelingt auch vier weiteren Insassen die Flucht.

14. Die Staatsministerin im Auswärtigem Amt, Hildegard Hamm-Brücher, führt in Bukarest einen Meinungsaustausch mit dem rumänischen Außenminister Stefan Andrei. Am Vortag hatte sie die Kulturwoche der Bundesrepublik in Bukarest eröffnet.

16. Die 34. Hannover Messe wird eröffnet.

Günter Mittag, Mitglied des Politbüros der SED und Parteisekretär für Wirtschaftsfragen, tritt zu einem mehrstündigen Besuch der Hannover Messe ein.

Das Statistische Bundesamt beziffert den Preisauftrieb im März auf 5,8 Prozent im Vergleich zum März des Vorjahres (Februar 5,6, Januar 5,0).

Die rund 185 000 Angestellten und rund eine Million gewerblichen Mitarbeiter des deutschen Baugewerbes bekommen ab 1. Mai um 6,6 % höhere Bezüge.

Bei einem Mordanschlag in Düsseldorf kommt die führende Persönlichkeit der Exil-Serben in der westlichen Welt, der 71 Jahre alte Dusan Sedlar, ums Leben.

Beim ersten Absturz eines Prototyps des europäischen Mehrzweckkampfflugzeuges MRCA/Tornado auf deutschem Boden kommen bei Geiselhöring die beiden Versuchspiloten um.

18. Die Bundesrepublik erkennt die unabhängig gewordene Republik Simbabwe an. Als Vertreter der Bundesregierung nimmt Bundesaußenminister Genscher an der Unabhängigkeitsfeier in Salisbury teil. Vertreter der DDR waren nicht eingeladen.

In Stuttgart einigen sich die Tarifparteien auf eine Lohn- und Gehaltserhöhung um 6,7 Prozent für die rund 100 000 deutschen Zivilbeschäftigten bei den Alliierten Streitkräften.

In einer Grundsatzentscheidung grenzt der Bundesgerichtshof in Karlsruhe die Anwendung des sogenannten „Beweisverwertungs-Verbotes" ein. Das Urteil, das einen Freispruch für den Ex-Mitarbeiter des Bundesamtes für Verfassungsschutz, Karl Dirnhofer, bestätigt, steht im Zusammenhang mit der Abhöraffäre Traube.

Willi Görlach wird vom Bezirksparteitag der SPD Hessen Süd zum Bezirksvorsitzenden gewählt. Er wird Nachfolger von Rudi Arndt.

20. Der Vorsitzende des Landespräsidiums der CDU in Nordrhein-Westfalen, Heinrich Köppler, erliegt im Alter von 54 Jahren in Düsseldorf einem Herzinfarkt. Nachfolger, auch als CDU-Spitzenkandidat im Landeswahlkampf, wird Prof. Kurt Biedenkopf.

21. Der Bundesinnenminister Gerhart Baum ordnet an, daß der Bundesgrenzschutz bei seinen polizeilichen Grenzkontrollen dem Bundesnachrichtendienst und dem Bundesamt für Verfassungsschutz auch künftig Amtshilfe leisten soll.

22. Der amerikanische Senat billigt eine gesetzliche Vorlage, die die Eröffnung eines zweiten VW-Werkes in den USA genehmigt.

Im Revisionsprozeß um die Entführung des Millionärsenkels Felix Wessel im Oktober 1977 werden in Hamburg Hans-Jürgen Wilsdorf und Jürgen Petersen zu Freiheitsstrafen von zehn und siebeneinhalb Jahren verurteilt.

23. Der Bundestag und die Bundesregierung sprechen sich gegen eine Teilnahme deutscher Sportler an den Olympischen Sommerspielen in Moskau aus.

Die Vereinigung deutscher Elektrizitätswerke und der Gesamtverband des Deutschen Steinkohlenbergbaus unterzeichnen in Dortmund den zweiten Kohle-Strom-Vertrag. Die Stromerzeuger verpflichten sich darin, bis zum 31. Dezember 1995 insgesamt rund 640 Millionen Tonnen deutsche Steinkohle zu verstromen.

24. In Paris wird ein Abkommen über die wirtschaftliche, industrielle und technische Zusammenarbeit zwischen der DDR und Frankreich unterzeichnet.

Eine Schneekatastrophe über Südbayern, Westösterreich und Teilen der DDR fordert mehrere Menschenleben.

27. Die Landtagswahlen im Saarland bringen der regierenden CDU/FDP-Koalition erhebliche Stimmverluste. Die SPD wird zur stärksten Fraktion des Landtages. Vorläufiges amtliches Endergebnis: CDU 44,0 %, (− 5,1), 23 Mandate, SPD 45,4 %, (+ 3,6), 24 Mandate, FDP 6,9 %, − 0,5), 4 Mandate.

28. Die offiziöse sowjetische Nachrichtenagentur „Nowosti" übermittelt über ihre Kölner Redaktion der dpa einen Kommentar, in dem die Bundesrepublik als mögliche „Zielscheibe" für einen östlichen Gegenschlag im Falle eines Konflikts bezeichnet wird.

Wegen Mordes an der Fabrikantenfrau Ursula Reinelt wird der Architekt Werner Horst von einer Frankfurter Schwurgerichtskammer erneut zu lebenslanger Haft verurteilt.

29. Bundespräsident Karl Carstens trifft als erster Bundespräsident zu einem dreitägigen Staatsbesuch Irlands in Dublin ein. Er wird vom Außenminister Genscher begleitet.

In der fünften Verhandlungsrunde einigen sich die Tarifparteien in Essen auf eine Lohn- und Gehaltserhöhung von 7,15 Prozent für die rund 142 000 Beschäftigten des Steinkohlebergbaus.

30. In Ost-Berlin wird eine neue Vereinbarung zwischen der DDR und der Bundesrepublik über weitere Verbesserungen der Verkehrsverbindungen zwischen dem Bundesgebiet und West-Berlin unterzeichnet.

Der Zentralbankrat der Deutschen Bundesbank beschließt eine Erhöhung des Diskontsatzes von 7 auf 7,5 und des Lombardsatzes von 8,5 auf 9,5 mit Wirkung vom 2. Mai an.

KULTUR

4. Papst Johannes Paul II. nimmt Gläubigen im Petersdom inkognito die Beichte ab.

9. Papst Johannes Paul II. kündigt eine Frankreichreise vom 30. Mai bis 2. Juni 1980 an.

14. Moskauer Stellen rufen die in Düsseldorf gezeigte Malewitsch-Ausstellung, die noch in Hamburg und Baden-Baden zu sehen sein sollte, ohne Angabe von Gründen zurück.

15. Der französische Philosoph und Schriftsteller Jean Paul Sartre (74) stirbt in Paris.

Bei der Verleihung der Film-„Oscars" in Hollywood kann der Streifen „Kramer gegen Kramer" von Robert Benton die meisten Auszeichnungen gewinnen; als bester ausländischer Film erhält Volker Schlöndorffs Grass-Verfilmung „Die Blechtrommel" einen „Oscar".

16. Eine „Auferstehung" des flämischen Malers Dieric Bouts wird bei einer Auktion des Londoner Hauses Sothebys für rund 7,1 Millionen Mark versteigert.

20. Der Filmregisseur Helmut Käutner (72) stirbt in Castellina / Italien.

Katja Mann (96), die Witwe von Thomas Mann, stirbt in Kilchberg bei Zürich.

29. Der Filmregisseur Alfred Hitchcock (80) stirbt in Los Angeles.

Das Manuskript der Ballade „Der Graf von Habsburg" von Friedrich Schiller wird im Londoner Auktionshaus Sothebys für 150 000 Mark versteigert.

WISSENSCHAFT

16. Prof. Fritz Straßmann, Mitentdecker der Kernspaltung, stirbt 78jährig in Mainz. Mit Lise Meitner gehörte Straßmann zur Gruppe um Otto Hahn, die 1938 am Berliner Kaiser-Wilhelm-Institut für Chemie durch Neutronenbeschuß erstmals einen Urankern zertrümmerte.

SPORT

1. Neuer Schwergewichts-Boxweltmeister der WBA wird in Knoxville der Amerikaner Mike Weaver, der den Titelverteidiger John Tate (USA) in der 15. und letzten Runde k. o. schlägt.

3. Neuer deutscher Eishokkeymeister wird der Mannheimer ERC, der damit zum ersten Mal in seiner Vereinsgeschichte den Titel erringt. Er löst den Kölner EC ab.

8. Bei den Tischtennis-Europameisterschaften in Bern wird die Herrenmannschaft der Bundesrepublik überraschend Vize-Europameister. Das Finale gegen Schweden wird mit 4:5 verloren.

9. Der deutsche Schach-Großmeister Dr. Robert Hübner (Porz) besiegt im Kandidatenturnier zur Weltmeisterschaft in Bad Lauterberg den Ungarn Andras Adorjan mit 5,5:4,5 Punkten und zieht damit in die Runde der letzten Vier ein.

13. Der Österreicher Markus Höttinger stirbt auf dem Rennkurs von Hockenheim. Im Rennen der Formel II trifft ihn ein Rad, das sich vom Wagen des Engländers Derek Warwick gelöst hat, am Kopf. Er ist sofort tot.

Das Nationale Olympische Komitee der USA entscheidet sich auf einer Sitzung in Colorado Springs gegen die Entsendung einer Mannschaft zu den Olympischen Spielen in Moskau. Die USA sind damit erstmalig seit Einführung der Olympischen Spiele nicht an einer Olympiade beteiligt.

16. Trainer Hennes Weisweiler kündigt vorzeitig seinen Vertrag beim 1. FC Köln, den er seit 1976 betreute und mit dem er 1977 Pokalsieger und 1978 Pokal und Meisterschaften gewann.

In Peking erklärt der Partei- und Regierungschef Hua Guofeng, daß die Volkrepublik China wegen der sowjetischen Invasion in Afghanistan nicht an den Olympische Spielen in Moskau teilnehmen werde.

23. Die Bundesregierung beschließt auf einer Kabinettssitzung in Bonn, wegen der anhaltenden Intervention der UdSSR in Afghanistan dem Nationalen Olympischen Komitee von Deutschland den Boykott der Olympischen Spiele in Moskau zu empfehlen. Der Bundestag billigt später in namentlicher Abstimmung die Empfehlung der Bundesregierung. 446 Abgeordnete stimmen zu, acht sprechen sich dagegen aus, neun enthielten sich der Stimme.

MAI 1980

AUSLAND

2. Papst Johannes Paul II. tritt eine elftägige Afrika-Reise an.

Durch den Beginn des bisher größten Lohnkonflikts in Schweden wird die Wirtschaft des Landes nahezu lahmgelegt.

4. Der jugoslawische Staats- und Parteichef Josip Broz Tito stirbt drei Tage vor seinem 88. Geburtstag.

5. Der griechische Ministerpräsident Konstantin Karamanlis wird zum neuen Staatspräsidenten als Nachfolger von Konstantin Tsatsos gewählt.

Britische Elitesoldaten stürmen die von sechs Iranern arabischer Abstammung besetzte iranische Botschaft in London, nachdem die Besetzer zwei Geiseln erschossen und mit weiteren Erschießungen gedroht hatten.

9. Auch bei der zweiten Runde der iranischen Parlamentswahlen siegt die streng religiöse Islamisch-Republikanische Partei, wie bereits im ersten Wahlgang am 14. 3. Am 28. 5. tritt das erste Parlament der Islamischen Republik Iran erstmals zusammen.

12. In Uganda übernimmt das Militär „bis auf weiteres" die Macht. Es protestiert gegen die Absetzung des Armee-Stabschefs durch Präsident Binaisa und wirft diesem Korruption vor.

15. Ägyptens Staatspräsident Anwar el-Sadat übernimmt nach dem Rücktritt der Regierung Chalil im neuen Kabinett auch das Ministerpräsidentenamt.

18. Die VR China testet im Südpazifik erstmals erfolgreich Interkontinental-Raketen.

Die EG-Außenminister beschließen in Neapel, die geplanten rückwirkenden Wirtschaftssanktionen gegen Iran unverzüglich zu verhängen, um damit die Bemühungen der USA um die Freilassung der amerikanischen Geiseln in Iran zu unterstützen.

Bei den ersten demokratischen Wahlen in Peru seit 17 Jahren erteilen die Wähler dem regierenden Militär eine deutliche Absage. Zum neuen Präsidenten wird der 1968 vom Militär gestürzte Fernando Belaunde Terry gewählt.

Beim Ausbruch des Vulkans St. Helens im US-Bundesstaat Washington kommen mindestens 35 Menschen ums Leben.

20. In Südkorea tritt die Regierung Schin Hjun Hwack zurück. Sie zieht damit die Konsequenz aus tagelangen blutigen Auseinandersetzungen zwischen Polizei und Studenten.

Bei einer Volksabstimmung in der franko-kanadischen Provinz Quebec wird die von Quebecs Ministerpräsident René Levesque vorgeschlagene Abtrennung der Provinz von Kanada abgelehnt.

22. Bei einem Referendum in Ägypten werden fast einmütig sechs Verfassungsänderungen gebilligt, die u. a. Anwar el-Sadat den Weg öffnen, Präsident auf Lebenszeit zu bleiben.

24. Der von den USA angerufene Internationale Gerichtshof in Den Haag erklärt die Regierung Irans für voll verantwortlich und schadensersatzpflichtig für die Geiselnahme von 53 Amerikanern und die Besetzung der Teheraner US-Botschaft. Er fordert in seinem Urteil die unverzügliche Freilassung der Geiseln.

25. Der israelische Verteidigungsminister Eser Weizman tritt zurück.

30. Papst Johannes Paul II. kommt zu einem viertägigen Frankreich-Besuch in Paris an.

INLAND

1. Unter dem Motto „Wir bauen auf unsere Kraft" stehen die DGB-Kundgebungen zum Weltfeiertag der Arbeit.

3. Rund 5000 Atomkraftgegner besetzen in Gorleben die dritte Tiefbohrstelle für die geplante Atommülldeponie. Die Demonstranten errichten ein „Runddorf", um eine dauerhafte Besetzung zu ermöglichen.

4. In einer Wohnung in Paris werden fünf mutmaßliche deutsche Terroristen festgenommen: Sieglinde Hofmann, Ingrid Barabaß, Regina Nicolai, Karola Magg und Karin Kamp. Außer Lösegeld aus der Palmers-Beute werden in der Wohnung Munition und Fälscherwerkzeug sichergestellt.

Das Verwaltungsgericht Darmstadt untersagt die Kompaktlagerung von Atommüll im Kernkraftwerk Biblis.

DDR-Finanzminister Siegfried Böhm (51), Mitglied des ZK der SED, stirbt „an den Folgen eines Unglücksfalls". Westlichen Presseberichten zufolge wurde er von seiner Ehefrau in der Ost-Berliner Privatwohnung des Paares erschossen.

6. Während eines öffentlichen Rekruten-Gelöbnisses in Bremen kommt es zu gewalttätigen Ausschreitungen, an denen rund 7000 linksextreme Demonstranten beteiligt sind.

Die Bundesanstalt für Arbeit legt den Arbeitsmarktbericht für April vor: 825 374 Arbeitslose (Quote: 3,6 Prozent), 92 500 Kurzarbeiter, 345 800 offene Stellen.

Die Tarifpartner des Saarbergbaus vereinbaren 7,15 Prozent höhere Löhne.

7. Die Frankfurter Metallgesellschaft (MG) gibt bekannt, daß die Regierung von Kuwait zehn Prozent der Anteile des Unternehmens übernommen hat. Kuwait ist bereits an den deutschen Großfirmen Daimler-Benz und Korf beteiligt.

Der 12. Gewerkschaftstag der DGB-Gewerkschaft Leder (bis 10. 5.) wählt Helmut Teitzel zum neuen Vorsitzenden der 55 000 Mitglieder zählenden Organisation. Sein Vorgänger seit 1976 war Gerhard van Haaren.

Der bayerische Landtag verabschiedet eine gesetzliche Regelung der Sexualerziehung an den Schulen.

Der deutsche Schauspieler Gunnar Möller wird von einem Londoner Gericht wegen Totschlags zu fünf Jahren Haft verurteilt. Möller hatte seine Ehefrau Brigitte Rau erschlagen.

Fünf Mitglieder der Ost-Berliner Komischen Oper, die bei den Wiesbadener Maifestspielen gastiert, setzen sich von ihrem Ensemble ab, und wollen im Westen bleiben.

8. Bundeskanzler Helmut Schmidt trifft am Rande der Trauerfeierlichkeiten für den verstorbenen jugoslawischen Präsidenten Josip Broz Tito in Belgrad mit dem DDR-Staats- und Parteichef Erich Honecker zusammen.

9. Die Lebenshaltungskosten im April haben sich – im Vergleich zum Vorjahresmonat – um 5,8 Prozent erhöht, teilt das Statistische Bundesamt in Wiesbaden mit.

In Buenos Aires wird ein Vertrag zwischen der Kraftwerk Union (KWU) und der argentinischen Atomenergie-Kommission unterzeichnet, der die Lieferung eines 600-Megawatt-Schwerwasserreaktors durch die KWU an Argentinien vorsieht.

10. Der libysche Ex-Diplomat Omran M. e Meddawi (45) wird in Bonn auf offener Straße von seinem Landsman Bashir Ehimida erschossen.

11. Bei der Wahl zum nordrhein-westfälischen Landtag erringt die SPD die absolute Mehrheit der Mandate. Die CDU muß hohe Verluste hinnehmen, die FDP verfehlt knapp den erneuten Einzug in den Landtag. Auch die „Grünen" scheitern an der 5-Prozent-Klausel. Ergebnis:

Partei	Prozent	Veränd	Mand
SPD	48,4	+ 3,3	106
CDU	43,2	- 3,9	95
FDP	4,98	-1,7	-
DKP	3,0	-	-
GRÜNEN	0,3	- 0,2	-
sonstige	0,1	-	-

Der Korrespondent der Deutschen Presse-Agentur in Teheran, Martin E. Pendl, wird aus dem Iran ausgewiesen.

13. Die Tarifpartner der Bekleidungsindustrie einigen sich in Bonn auf 6,6 Prozent höhere Löhne und Gehälter.

14. Das Militärobergericht in Ost-Berlin verurteilt den Westdeutschen Alfred Mania als angeblichen Spion des Bundesnachrichtendienstes zu 13 Jahren Haft.

15. Die Mitgliederversammlung des Nationalen Olympischen Komitees (NOK) für Deutschland beschließt in Düsseldorf, keine Mannschaft zu den Olympischen Spielen nach Moskau zu entsenden.

16. Der Parlamentarische Untersuchungsausschuß der Hamburger Bürgerschaft, der zur Klärung des im September 1979 aufgedeckten „Giftskandals" um die ehemalige Firma Stoltzenberg eingesetzt worden war, rügt in seinem Bericht schwere Fehler und Versäumnisse der Behörden.

Das Bayerische Oberste Landesgericht verurteilt den SPD-Landtagsabgeordneten Friedrich Cremer wegen Spionage zu zweieinhalb Jahren Haft. Das Urteil ist noch nicht rechtskräftig.

17. Der Vorsitzende der Bürgerpartei, Hermann Fredersdorf, gibt seinen Rücktritt vom Partei-Vorsitz bekannt.

19. Die Mitgliederversammlung des Bundesverbandes der Deutschen Industrie (BDI) wählt Prof. Rolf Rodenstock erneut zum Präsidenten.

21. Der saarländische Ministerpräsident Werner Zeyer (CDU) erreicht überraschend im Landtag nicht die erforderlichen Stimmzahl für seine Wiederwahl. Erst im zweiten Anlauf am 23. 5. stimmen alle 27 Abgeordneten der CDU/FDP-Koalition und damit die Mehrheit für Zeyer.

Teile der 1957 gebauten Berliner Kongreßhalle stürzen ein. Der Bundesgerichtshof entscheidet, daß Krankenhausträger auch dann für ärztliche Kunstfehler finanziell einstehen müssen, wenn der betreffende Chefarzt eigenverantwortlich tätig ist.

Das Bundeskabinett verhängt mit Wirkung vom nachfolgenden Tage einen Wirtschaftsboykott gegen Iran.

Die Schiedsstelle zur Überwachung des Abkommens für den Bundestagswahlkampf konstituiert sich in Bonn. Den Vorsitz des Gremiums hat der evangelische Bischof Hermann Kunst.

23. Der Bundesrat billigt eine Änderung des Energieeinsparungsgesetzes, wonach Heizkosten künftig nach Verbrauch abgerechnet werden müssen.

27. Der Bundesgerichtshof entzieht dem früheren Verteidiger von Terroristen, Claus Croissant, die Zulassung als Rechtsanwalt.

28. Das Bundesverwaltungsgericht in Berlin entscheidet, daß der Norddeutsche Rundfunk (NDR) nach der Staatsvertragskündigung durch Schleswig-Holstein ab 1981 als Zwei-Länderanstalt mit Niedersachsen und Hamburg ohne Beteiligung Schleswig-Holsteins fortbesteht.

Bei einem Brand in einem Krankenhaus in Achern (Baden) kommen elf Patienten ums Leben.

29. Der Bundesgerichtshof veröffentlicht eine Entscheidung, nach der ein Ehepartner, der seinen Partner mutwillig verläßt, seinen Anspruch auf Unterhaltszahlung verlieren kann.

KULTUR

1. Die 34. Ruhrfestspiele werden in Recklinghausen eröffnet.

2. Der Ehrenpreis der Stadt München (20 000 Mark) wird dem Historiker Golo Mann zugesprochen.

7. Der Friedenspreis des Deutschen Buchhandels für 1980 erhält der nicaraguanische Dichter Ernesto Cardenal.

12. Ein Picasso-Gemälde wird in New York bei Parke Bernet für den neuen Höchstpreis von 4,5 Millionen Mark versteigert.

13. Ein Gemälde von van Gogh wird bei Christie's in New York für etwas mehr als zehn Millionen Mark versteigert.

16. Der Journalist und Autor Walther Schmieding (51) stirbt in Berlin.

WISSENSCHAFT

20. Mehr Mittel für die Grundlagenforschung fordern deutsche Krebsforscher in der ersten umfassenden Bestandsaufnahme der Krebsforschung in der Bundesrepublik, die die Deutsche Forschungsgemeinschaft in Bonn vorlegt. Das 1900 Seiten umfassende Dokument faßt Berichte von 2495 Experten aus 780 forschungstreibenden Instituten zusammen.

23. Der zweite Probestart der Europarakete „Ariane" von Kourou (Französisch-Guayana) endet mit einem Absturz.

26. Die Sowjetunion startet das Raumschiff „Sojus 36" mit den Kosmonauten Waleri Kubassow (UdSSR) und Bertalan Farkas, einem ungarischen Berufspiloten. Zwei Tage später legt „Sojus 36" an die Raumstation „Saljut 6" an, die seit fast drei Jahren um die Erde kreist.

SPORT

1. „Rund um den Henninger Turm" in Frankfurt, das einzige deutsche Weltpokalrennen im Profi-Radsport, wird von dem Italiener Gianbattista Baronchelli gewonnen. Dietrich Thurau wird als bester Deutscher Siebter.

2. Die Vertreter von 18 Nationalen Olympischen Komitees appellieren nach einer Sitzung in Rom an alle NOKs der Welt, sich an den Olympischen Spielen in Moskau zu beteiligen.

11. Zum ersten Male seit dem 6. Dezember 1979 wird der Schwede Björn Borg wieder geschlagen. Sein Bezwinger, Guillermo Vilas (Argentinien), gewinnt gegen den Schweden, der gerade den Weltrekord von 50 Siegen hintereinander einstellen wollte.

Der mehrfache Motorboot-Weltmeister Erwin Zimmermann (Österreich) verunglückt bei einem Rennen auf der Mosel bei Traben-Trarbach tödlich.

13. Im letzten Fußball-Länderspiel vor der Europameisterschaft in Italien besiegt Deutschland in Frankfurt die Elf von Polen mit 3:1 (2:1).

14. Der FC Valencia mit dem deutschen Spieler Rainer Bonhof gewinnt den Fußball-Europapokal der Pokalsieger.

15. Die Bundesrepublik wird keine Sportler zu den Olympischen Spielen in Moskau entsenden. Die Mitgliederversammlung des Nationalen Olympischen Komitees für Deutschland entscheidet sich in Düsseldorf mit 59 gegen 40 Stimmen einer entsprechenden Empfehlung des NOK-Präsidiums zu folgen.

16. Nach der Boykott-Entscheidung des NOK erklären vier Spieler der bundesdeutschen Handball-Weltmeistermannschaft ihren Rücktritt.

17. Auch die letzten Meisterehren fallen im Handball dem TV Großwallstadt zu: Nach der deutschen Meisterschaft, dem Europapokal der Landesmeister und dem Supercup gewinnt die Mannschaft mit einem 17:15 über TuS Nettelstedt auch den deutschen Handball-Pokal.

18. Einen neuen phantastischen Weltrekord im Zehnkampf stellt in Götzis/Österreich der Brite Daley Thompdon mit 8622 Punkten auf. Der alte Weltrekord des Amerikaners Bruce Jenner stand auf 8618 Punkten.

21. Eintracht Frankfurt gewinnt den UEFA-Pokal. Nach der 2:3-Niederlage in Mönchengladbach genügt den Frankfurtern im heimischen Rückspiel gegen Borussia Mönchengladbach ein 1:0.

26. Dietmar Mögenburg (Leverkusen) springt Weltrekord. Mit 2,35 m stellt er den 24 Stunden vorher von dem Polen Jacek Wszola in Eberstadt bei Heilbronn erreichten Hochsprung-Weltrekord in Rehlingen/Saar ein.

Beckenbauer zum Hamburger SV. Der deutsche Fußballmeister gibt offiziell die Verpflichtung von Franz Beckenbauer mit Beginn der nächsten Bundesliga-Saison bekannt. Cosmos New York, für den Beckenbauer drei Jahre lang spielte, verlangt keine Ablösesumme.

30. Der Internationale Motorsportverband (FISA) sperrt 18 Rennfahrer der Formel 1, weil sie Strafen zwischen 2000 und 5000 Dollar nicht bezahlt haben.

31. Neuer deutscher Fußball-Meister ist Bayern München. Die Bayern beenden die Bundesliga-Saison mit 50:18 Punkten.

JUNI 1980

AUSLAND

2. Eine Serie von Mordanschlägen erschüttert das von Israel besetzte Westjordanien. Zwei palästinensische Bürgermeister werden schwer verletzt. In Westjordanien wird ein dreitägiger Generalstreik ausgerufen.

In Teheran wird eine „Internationale Konferenz über US-Interventionen in Iran" eröffnet. Im Verlauf der viertägigen Konferenz werden 300 Delegierten aus 54 Ländern, darunter auch dem früheren amerikanischen Justizminister Ramsey Clark, Dokumente vorgelegt, die amerikanische Einmischung in die Angelegenheiten Irans während der vergangenen Jahrzehnte beweisen sollen.

6. Im Zuge eines Stabilisierungsprogramms wird der jugoslawische Dinar gegenüber dem US-Dollar um 30 Prozent abgewertet und ein Preisstopp angeordnet.

Zum dritten Mal löst ein Computerfehler im amerikanischen Luftverteidigungssystem falschen Raketenalarm aus.

8. Die Wahlen in 15 der 20 italienischen Regionen bringen den Christdemokraten im Vergleich zu 1975 Gewinne von 1,5 Prozent (insgesamt 36,8 Prozent), den Sozialisten von 0,7 Prozent (insgesamt 12,7) und den Kommunisten einen Verlust von 1,9 Prozent (insgesamt 31,5).

12. Der japanische Ministerpräsident Masajoschi Ohira stirbt im Alter von 70 Jahren an Herzversagen.

13. In Venedig beginnt ein Gipfeltreffen der Staats- und Regierungschefs der EG-Länder. Zum Abschluß der Konferenz wird (am 14. 6.) eine Nahost-Erklärung verabschiedet, in der den Palästinensern ein Recht auf Selbstbestimmung und Teilnahme an den Friedensverhandlungen zugesprochen wird.

22. In Venedig beginnt ein zweitägiges Wirtschaftsgipfeltreffen der Vertreter von sieben westlichen Industriestaaten.

Sanjay Ghandi, der Sohn der indischen Ministerpräsidentin Indira Ghandi, kommt beim Absturz eines Sportflugzeugs ums Leben.

25. An der Costa Blanca beginnt mit zwei Bombenexplosionen der von der baskischen Separatistenorganisation ETA angekündigdte Bombenterror gegen spanische Touristenzentren.

28. Der Vizepräsident des französischen Unternehmerverbandes, Michel Maury-Laribiere, wird in Confolens (Department Charante) entführt.

29. Mit 33,6 Prozent der abgegebenen Stimmen wird bei der isländischen Präsidentenwahl Frau Vigdis Finnbogadottir zum Staatsoberhaupt gewählt.

30. Papst Johannes Paul II. bricht zu seiner 7. Auslandsreise auf. Erste Station der Reise: Brasilien.

INLAND

2. Die Bundesanstalt für Arbeit legt den Arbeitsmarktbericht für Mai vor: Rückgang der Arbeitslosigkeit auf 766 800 (Quote: 3,3 Prozent), 92 000 Kurzarbeiter, 142 100 offene Stellen.

3. In Stuttgart konstituiert sich der 8. Landtag von Baden-Württemberg (Sitzverteilung: CDU 68, SPD 40, FDP 10, Grüne 6). Lothar Späth (CDU) wird als Ministerpräsident wiedergewählt.

4. Das Bundeskabinett stimmt dem Brüsseler EG-Finanzkompromiß von Ende Mai zur Entlastung Großbritanniens zu, der zusätzliche Aufwendungen von über 2,5 Milliarden Mark zur Folge hat. Zur Finanzierung werden eine finanzielle Beteiligung der Bundesländer oder Verbrauchssteuererhöhungen ab 1981 vorgeschlagen.

Polizeikräfte aus mehreren Ländern und Einheiten des Bundesgrenzschutzes räumen den von Atomgegnern seit Anfang Mai besetzten Bohrplatz 1004 bei Gorleben.

Der 9. Landtag von NRW (Sitzverteilung: SPD 106, CDU 95) wählt Johannes Rau (SPD) erneut zum Ministerpräsidenten.

Das Bundesdisziplinargericht beschließt in Dortmund, den Zugschaffner Hans-Jürgen Langmann, Mitglied der DKP, aus dem Dienst zu entfernen.

In Berlin beginnt der 86. Deutsche Katholikentag.

5. Lauritz Lauritzen (70), SPD-Bundesminister von 1966 bis 1974, stirbt in Bad Honnef.

6. Der außerordentliche FDP-Bundesparteitag in Freiburg beschließt eine Koalitionsaussage zugunsten der SPD.

Der CDU/CSU-Kanzlerkandidat Franz Josef Strauß gibt in Bonn die 23köpfige Wahlkampfmannschaft der Union namentlich bekannt. Im Falle eines Wahlsieges der Union soll Gerhard Stoltenberg Vizekanzler werden. Helmut Kohl will Fraktionsvorsitzender im Bundestag bleiben.

7. Der Parteitag der Hamburger SPD wählt Innensenator Werner Staak als Nachfolger von Oswald Paulig zum neuen Landesvorsitzenden.

8. Mehr als 1000 Polizisten beenden die Besetzung von fünf zum Abbruch bestimmten Häusern in Freiburg.

9. Das Münchner Landgericht verurteilt den 37jährigen Dieter Zlof wegen Beteiligung an der Entführung des Industriellensohnes Richard Oetker zu 15 Jahren Haft.

Firmenleitung und Geschäftsführung der Adam Opel AG vereinbaren einen Sozialplan, der einen Personalabbau um 5300 Beschäftigte für die Betroffenen erleichtern soll.

10. Der Erste Senat des Bundesarbeitsgerichts (BAG) erklärt Aussperrungen „zur Abwehr begrenzter Teilstreiks" für zulässig, wenn sie sich „im Rahmen der Verhältnismäßigkeit" halten.

11. Der Bundesgerichtshof bestätigt die lebenslange Freiheitsstrafe gegen die Terroristin Imgard Möller und die 12jährige Haftstrafe für ihren Komplizen Bernhard Braun.

Das Statistische Bundesamt beziffert den Preisauftrieb im Mai gegenüber dem entsprechenden Vorjahresmonat auf 6,0 Prozent (April: 5,8 Prozent).

15. Die Bremer Beratungsstelle von „Pro Familia" wird durch einen Brandanschlag verwüstet.

16. König Chalid von Saudi-Arabien besucht die Bundesrepublik.

18. Das Bundeskabinett beschließt Maßnahmen zur Eindämmung des Asylmißbrauchs. Danach werden die Erteilung einer Arbeitserlaubnis und die Zahlung von Kindergeld eingeschränkt.

Ein Berufungsgericht in Aix-en-Provence (Frankreich) kürzt die Freiheitsstrafe für die Deutsche Christina von Opel wegen Beteiligung an Rauschgiftschmuggel auf fünf Jahre.

20. Das OLG Düsseldorf verurteilt den Luftpiraten Raphael Keppel wegen Geiselnahme und Nötigung zu 3½ Jahren Freiheitsstrafe. Keppel hatte am 12. 9. 1979 eine Lufthansa-Maschine auf der Route Frankfurt–Köln gekapert.

22. Bei Kommunalwahlen in Baden-Württemberg kann sich die CDU als stärkste Kraft behaupten.

24. Die SPD-Bundestagsfraktion beschließt einen Gesetzentwurf zur Sicherung der paritätischen Montan-Mitbestimmung im Industriebereich Kohle und Stahl – eine Initiative, die vom Koalitionspartner FDP offen abgelehnt wird.

25. Der Bundestag verabschiedet ein Chemikaliengesetz, das Gesetz zur Gleichbehandlung von Frauen am Arbeitsplatz und eine neue Geschäftsordnung, die u. a. die Redezeiten begrenzt.

DDR-Partei- und Staatschef Erich Honecker besucht Rumänien (bis 27. 6.). Ebenso wie sein Gastgeber Präsident Nicolae Ceausescu zeigt sich Honecker besorgt über westliche Rüstungsprogramme. – Ende Mai war Honecker nach Kuba gereist, wo ein Freundschaftsvertrag unterzeichnet wurde.

26. Die vom Bundestag eingesetzte Enquete-Kommission „Zukünftige Kernenergiepolitik" empfiehlt mehrheitlich, erst 1990 über ein Ja oder Nein zur Kernenergie zu entscheiden.

27. Der Bundesrat billigt den Straßenbau-Bedarfsplan, wonach bis 1990 das Autobahnnetz um 3000 Kilometer erweitert werden soll.

Die Regierungschefs von Bund und Ländern einigen sich in Bonn auf 6000 zusätzliche Plätze für Vietnam-Flüchtlinge.

30. Bundeskanzler Helmut Schmidt und Außenminister Hans Dietrich Genscher treffen zu einem zweitägigen Besuch in Moskau ein. Hauptthemen der Beratungen mit der sowjetischen Führung sind die Rüstung im Bereich der Mittelstreckenwaffen in Europa und die sowjetische Besetzung Afghanistans.

In Würzburg nimmt ein farbiger US Soldat zwei amerikanische Zivilisten in einer Bank als Geiseln und versucht ein Lösegeld in Höhe von 2,6 Millionen Mark zu erpressen. Er wird von Beamten einer deutschen Spezialeinheit beim Verlassen der Bank erschossen.

KULTUR

3. Der Alfred-Kerr-Preis für Literaturkritik (5000 Mark) wird der Literaturzeitschrift „die horen" zuerkannt.

7. Der amerikanische Schriftsteller Henry Miller (88) stirbt in Pacific Palisades.

11. Eine handschriftliche Ergänzung Napoleons zu seinem Testament wird bei einer zweitägigen Versteigerung des Marburger Auktionshauses Stargardt für 115 000 Mark versteigert.

18. Dem Soziologen Prof. Jürgen Habermas wird der Theodor-W.-Adorno-Preis der Stadt Frankfurt (50 000 Mark) zugesprochen.

22. Der Komponist und Orchesterchef Bert Kaempfer (56) stirbt bei Cala Brava auf Mallorca.

25. Protestanten aus aller Welt nehmen in Augsburg an einem Festakt zum Gedenken an die vor 450 Jahren verfaßte „Confessio Augustana" teil.

27. Der DDR-Schriftstellerin Christa Wolf wird der Georg-Büchner-Preis (20 000 Mark) der Deutschen Adademie für Sprache und Dichtung in Darmstadt zugesprochen.

SPORT

1. Der Große Preis von Spanien, das „Rebellenrennen" in der Formel 1, wird von dem Australier Alan Jones in einem Williams gewonnen. Nach der Aussperrung der Offiziellen des Internationalen Automobilverbandes wird das Rennen nicht für die Weltmeisterschaft gewertet.

3. Fortuna Düsseldorf gewinnt das Endspiel um den DFB-Vereinspokal gegen den 1. FC Köln mit 2:1 (0:1) und verteidigt die im Vorjahr errungene Trophäe.

13. Im Davispokal scheidet Deutschland mit einer 1:4-Niederlage gegen Schweden aus dem Wettbewerb aus. Dabei holt Björn Borg allein zwei Punkte.

14. Der neue „König der Athleten" heißt Guido Kratschmer. Der 27jährige Mainzer stellt in Bernhausen mit 8649 Punkten einen neuen Weltrekord im Zehnkampf auf und bricht damit den alten Rekord des Briten Daley Thompson.

17. Dietrich Thurau (Frankfurt) entgeht einer möglichen Sperre von drei Monaten, weil das Ergebnis einer für ihn positiven Doping-Untersuchung bei der Romandie-Radrundfahrt zu spät dem Bund Deutscher Radfahrer mitgeteilt wird.

22. Die deutsche Fußball-Nationalmannschaft wird mit einem 2:1 (1:0) im Endspiel über Belgien Europameister. Die Entscheidung fällt in der 89. Minute durch – den zweiten – Treffer von Horst Hrubesch.

25. Sieger der Transatlantik-Regatta für Einhandsegler wird der 65 Jahre alte Amerikaner Philip Welt mit seinem 15 m langen Trimaran Moxie. Er legte die Strecke von Plymouth nach Newport/Rhode Island in 18 Tagen zurück und unterbietet damit den alten Rekord um zwei Tage.

JULI 1980

AUSLAND

3. 21 Rumänen gelingt die Flucht nach Österreich mit einem einmotorigen Doppeldecker.

9. Der niederländische Millionär und Kunstsammler Pieter Menten wird in Rotterdam wegen Kriegsverbrechen in Polen zu zehn Jahren Gefängnis verurteilt.

Der Vizepräsident des französischen Arbeitgeberverbandes, Michel Maury-Laribiere, wird elf Tage nach seiner Entführung unverletzt in Südwest-Frankreich von der Polizei befreit.

11. Eine der 53 US-Geiseln in Iran, der erkrankte Vizekonsul Richard Queen, wird freigelassen und zur Behandlung ausgeflogen.

12. In San Salvador bitten 116 Menschen in der Botschaft Costa Ricas um Asyl.

14. Die zweite Weltfrauenkonferenz der Vereinten Nationen wird in Kopenhagen von UNO-Generalsekretär Kurt Waldheim eröffnet.

15. Großbritannien entscheidet sich für die Anschaffung des amerikanischen nuklearen Waffensystems Trident.

17. Der frühere Gouverneur von Kalifornien Ronald Reagan wird vom Wahlkonvent seiner Partei offiziell zum Präsidentschaftskandidaten der Republikaner gewählt.

Durch einen Militärputsch in Bolivien – 19 Tage nach der Präsidentenwahl – wird die amtierende Präsidentin Lidia Gueiler zum Rücktritt gezwungen. Eine Militärjunta übernimmt die Macht. Heereschef General Luis Garcia Meza wird als Präsident vereidigt.

18. Der im Exil lebende ehemalige iranische Ministerpräsident Schahpur Bakhtiar entgeht in Paris einem Attentat. In Washington wird der Khomeini-Gegner Ali Tabatabai, früher iranischer Pressechef, ermordet.

Indien bringt mit einer selbstentwickelten Rakete einen Erdbeobachtungs-Satelliten in eine erdnahe Umlaufbahn und wird dadurch das sechste Land, das eigene Satelliten mit eigenen Raketen in den Weltraum befördert.

19. Der Oberste Gerichtshof der USA ermöglicht durch Aufhebung einer gegenteiligen Gerichtsentscheidung die Registrierung wehrpflichtiger Amerikaner.

23. Im Inselstaat Dominica wird Mary Eugenia Charles nach einem überwältigenden Wahlsieg ihrer konservativen Freiheitspartei als erster weiblicher Regierungschef im karabischen Raum vereidigt.

25. In Spanien tritt ein Gesetz über Religionsfreiheit in Kraft. Bisher war der Katholizismus Staatsreligion.

27. Der gestürzte Schah von Iran erliegt 60jährig in einem ägyptischen Militärkrankenhaus seinem Krebsleiden.

29. Die Neuen Hebriden, die bisher unter britisch-französischer Verwaltung standen, werden als Republik Vanuatu unabhängig.

30. Die Annexion von Ost-Jerusalem und dessen Vereinigung mit dem Westteil der Stadt wird trotz weltweiter Kritik vom israelischen Parlament gesetzlich verankert.

INLAND

2. Der Verteidigungsausschuß des Bundestages konstituiert sich auf Antrag der CDU/CSU in Bonn als Untersuchungsausschuß, um die Krawalle bei der Rekrutenvereidigung in Bremen zu klären.

Die Polizei nimmt den Fahrer des Geldtransporters, aus dem am 23. 6. in Mönchengladbach 4,3 Millionen Mark geraubt wurden, als mutmaßlichen Tatbeteiligten fest. Die Beute wird bis auf 30 000 Mark sichergestellt.

3. Der niedersächsische Landtag beschließt ein neues Schulgesetz, mit dem der Vorrang des dreigliedrigen Schulsystems vor der Gesamtschule wieder eingeführt wird.

4. Die Bundesanstalt für Arbeit legt ihren Juni-Bericht vor: Anstieg der Arbeitslosenzahl auf 781 400 (Quote: 3,4 %), 352 800 offene Stellen, 86 300 Kurzarbeiter.

Das Bundeskriminalamt veröffentlicht die polizeiliche Kriminalstatistik für 1979. Die Zahl der Rauschgiftdelikte hat stark zugenommen.

6. Bundeswirtschaftsminister Otto Graf Lambsdorff besucht Japan. Kritische Äußerungen Lambsdorffs beim Vergleich der Arbeitsmoral von Deutschen und Japanern werden von Gewerkschaftlern in der Bundesrepublik scharf zurückgewiesen.

7. Der französische Präsident Valery Giscard d'Estaing trifft zu einem Staatsbesuch der Bundesrepublik in Bonn ein.

8. Das Statistische Bundesamt beziffert den Preisauftrieb im Juni, verglichen mit dem Vorjahresmonat, auf 6,0 Prozent.

9. Die baden-württembergische Landesregierung beschließt die Einrichtung von Sammellagern für Asylsuchende.

10. Frankreich liefert Sieglinde Hofmann, Ingrid Barabaß und drei weitere mutmaßliche Terroristinnen an die Bundesrepublik aus. Die Frauen waren am 5. Mai in Paris gefaßt worden.

Bundesinnenminister Gerhard Baum legt in Bonn den Verfassungsschutzbericht 1979 vor. Darin wird eine steigende Tendenz des Ausländerextremismus aufgezeigt; die von Terroristen ausgehende Gefahr sei noch nicht überwunden.

13. Ein Parteitag der „Bürgerpartei" in Garbsen bei Hannover wählt Bolko Hoffmann zum neuen Bundesvorsitzenden. Parteigründer Hermann Fredersdorf hatte den Vorsitz aufgegeben und war aus der Partei ausgetreten.

15. Das Bundesverfassungsgericht veröffentlicht ein Urteil vom März, wonach der Gesetzgeber „Verzerrungen" in der Besteuerung von Sozialrenten und Beamtenpensionen beseitigen muß.

17. Die Regierungschefs von Niedersachsen, Hamburg und Schleswig-Holstein unterzeichnen in Bonn einen neuen Staatsvertrag über den Norddeutschen Rundfunk (NDR).

Das Bundesverfassungsgericht veröffentlicht ein Urteil von Anfang Mai, wonach dem Persönlichkeitsrecht Vorrang vor dem Recht auf Meinungsfreiheit eingeräumt wird.

Das Bundesverwaltungsgericht weist Klagen gegen die Genehmigung der geplanten Kernkraftwerke Wyhl und Mülheim-Kärlich zurück.

18. Die Tarifpartner der Metallindustrie Südbadens einigen sich auf einen neuen Manteltarifvertrag für die rund 135 000 Beschäftigten. Er enthält eine Verdienstsicherung für ältere Arbeitnehmer und eine verbesserte Arbeitsplatzsicherung.

21. Die Westeuropäische Union (WEU) hebt in London auf Antrag der Bundesregierung die Beschränkungen für den Bau deutscher Großkampfschiffe auf.

25. Die mutmaßlichen Terroristen Juliane Plambeck und Wolfgang Beer kommen bei einem Verkehrsunfall in der Nähe von Stuttgart ums Leben.

Susanne und Sabine, Töchter des deutschen Fernsehjournalisten Dieter Kronzucker, und ihr Cousin Martin Wächtler werden in Italien entführt.

29. König Hussein von Jordanien besucht die Bundesrepublik.

31. Der Terrorist Knut Folkerts wird wegen dreifachen Mordes (Beteiligung am Attentat auf Generalbundesanwalt Siegfried Buback und seine Begleiter im April 1977) und anderer Delikte vom OLG Stuttgart zu lebenslanger Haft verurteilt.

KULTUR

5. E. T. A. Hoffmanns einzige Messe, die unlängst entdeckt worden war, wird in der Berliner Martin-Luther-Kirche uraufgeführt.

6. Der unter dem Pseudonym Thaddäus Troll bekannt gewordene Schriftsteller Dr. Hans Bayer (66) wird in seiner Stuttgarter Wohnung tot aufgefunden.

8. Die handgeschriebene Weltgeschichte des persischen Historikers Raschid al Din wird vom Londoner Auktionshaus Sothebys für rund 3,5 Millionen Mark versteigert. Eine um 1600 in München gefertigte Pistole geht bei Christies für rund 450 000 Mark an einen neuen Besitzer.

15. Der Schriftsteller Dieter Kühn wird neuer „Stadtschreiber" in Bergen-Enkheim.

24. Der britische Filmschauspieler Peter Sellers (54) stirbt in London.

25. Die 69. Richard-Wagner-Festspiele beginnen in Bayreuth mit der Oper „Parsifal".

WISSENSCHAFT

1. Die natürliche Körpersubstanz Interferon kann, wie auf der Lindauer Tagung der Nobelpreisträger mitgeteilt wird, mit großer Wahrscheinlichkeit gegen eine Reihe von Viruskrankheiten verwendet werden. Ob sie auch gegen Krebs helfen könne, sei noch sehr fraglich.

SPORT

3. Das Doping-Verfahren gegen Dietrich Thurau wird niedergeschlagen. Die Gegenanalyse zu der ersten und positiven Urinuntersuchung erweist sich als negativ.

5. Zum fünften Male wird der Schwede Björn Borg Wimbledonsieger.

7. Bei der Tour de France gibt Dietrich Thurau vor dem Start zur 10. Etappe in Nantes auf.

16. Zum neuen Präsidenten des Internationalen Olympischen Komitees (IOC) wird auf der 83. Vollversammlung in Moskau der spanische Botschafter in Moskau, Juan Antonio Samaranch, gewählt. Der Präsident des Nationalen Olympischen Komitees für Deutschland, Willi Daume, scheitert mit seiner Kandidatur.

19. Die Olympischen Spiele in Moskau werden vom sowjetischen Staats- und Parteichef Leonid Breschnjew eröffnet.

20. Die Tour de France endet nach dem vorzeitigen Ausscheiden des Favoriten Bernard Hinault mit dem Gesamtsieg des Holländers Joop Zoetemelk.

21. Der deutsche Autorennfahrer Hans-Georg Bürger (Welschbillig) erliegt nach 36stündigem Todeskampf seinen schweren Verletzungen.

27. Motorrad-Weltmeister in der 250 ccm-Klasse wird bereits zwei Rennen vor Abschluß der Wertungsläufe der 30jährige Anton Mang.

AUGUST 1980

AUSLAND

2. Durch einen schweren Sprengstoffanschlag auf den Bahnhof von Bologna/Italien kommen mindestens 83 Menschen ums Leben, darunter drei Deutsche.

5. Belgien wird ein Bundesstaat. Ein entsprechendes Gesetz wird nach dem Senat auch von der Abgeordnetenkammer gebilligt. Das Land wird in die Regionen Flandern und Wallonien geteilt. Der Sprachenstreit wird damit weitgehend beigelegt.

6. Präsident Jimmy Carter unterzeichnet eine Direktive, nach der das Hauptgewicht eines atomaren Schlages gegen die UdSSR künftig auf Militär- und Kommandozentralen liegen würde, nicht auf großen Städten.

8. 22 türkische Dorfbewohner werden wegen Greueltaten bei einem Massenaufruhr im Dezember 1978 in Kharanmaras, bei dem 111 Menschen getötet wurden, zum Tode verurteilt. 14 der 835 Angeklagten erhalten lebenslange Strafen.

11. Das iranische Parlament bestätigt die von Staatspräsident Bani-Sadr vorgeschlagene Ernennung des amtierenden Bildungsministers Mohammed Ali Rajai zum Ministerpräsidenten Irans.

12. Der Wirbelsturm Allen, der zweitstärkste Hurrikan dieses Jahrhunderts, hat in der Karibik mindestens 249 Menschenleben gefordert, gibt Haiti bekannt.

14. US-Präsident Jimmy Carter wird auf dem New Yorker Parteitag der Demokraten erneut zum Präsidentschaftskandidaten nominiert. Edward Kennedy hatte nach der Testwahl aufgegeben.

Eine Streikwelle in Polen, die am 1. Juli mit kurzen Warnstreiks begonnen hatte, greift auf die Danziger Werft und andere Betriebe der Stadt, danach auf die gesamte Ostseeküste über.

16. Ein Streik französischer Fischer führt zur völligen Einstellung des Fährschiffverkehrs zwischen Frankreich und Großbritannien.

19. Durch einen Brand an Bord einer saudischen Verkehrsmaschine kommen in Riad/Saudi-Arabien alle 301 Flugzeuginsassen ums Leben.

20. Der Weltsicherheitsrat verurteilt das israelische Jerusalem-Gesetz, durch das die Stadt zur unteilbaren Hauptstadt Israels erklärt wurde.

21. Ein Brand an Bord eines sowjetischen Atom-U-Bootes im Ostchinesischen Meer fordert neun Todesopfer. Es wird keine Strahlung festgestellt.

24. Der polnische Ministerpräsident Edward Babiuch wird im Zuge tiefgreifender Umbesetzungen in Parteiführung und Regierung als Folge der Streiks in den Ostseehäfen durch den Wirtschaftsfachmann Jozef Pinkowski abgelöst.

27. Tschun Du-Hwan wird zum neuen Präsidenten Südkoreas gewählt.

31. In Danzig wird, wie in Stettin, eine Vereinbarung zwischen Streikenden und Regierungsvertretern über ein Ende des Streiks unterzeichnet. Die Regierung geht auf alle 21 Forderungen der Arbeiter ein.

INLAND

1. Zusammen mit dem Bundeskriminalamt eröffnet die Staatsanwaltschaft Düsseldorf ein Ermittlungsverfahren gegen den Waffenkonzern Rheinmetall AG. Die Rüstungsfirma steht unter dem Verdacht, Waffen illegal an das Ausland geliefert zu haben.

5. Die Bundesanstalt für Arbeit legt ihren Bericht über den Arbeitsmarkt im Juli vor: Anstieg der Arbeitslosenzahl auf 853 200 (Quote: 3,7 %), 85 100 Kurzarbeiter, 334 900 offene Stellen.

7. Die Ford-Werke kündigen einen Abbau ihres Personalbestandes in den Betrieben Köln und Düren um 6000 Mitarbeiter an.

8. Das Statistische Bundesamt in Wiesbaden teilt mit, der Preisauftrieb habe sich im Juli mit 5,5 % im Vergleich zum Vorjahresmonat verlangsamt. (Die Preissteigerungsrate im Juni und Mai gegenüber gleichen Monaten im Jahre 1979 hatte noch plus 6 % ausgemacht.) Im Vergleich zum Juni d. J. war der Preisindex im Juli um 0,2 % höher.

13. Ein bundesdeutsches Bankenkonsortium unter Führung der Dresdner Bank, der Bank für Gemeinwirtschaft, der Commerzbank und der Deutschen Bank stellt der Volksrepublik Polen einen Kredit von über 1,2 Milliarden Mark bereit.

14. Der wegen Kunstdiebstahls gesuchte katholische Pfarrer Anton Wagner aus Rehling bei Augsburg wird im österreichischen Hall verhaftet. In seiner Wohnungen und Häusern waren rund 800 sakrale Gegenstände aus Kirchen sichergestellt worden. Am 27. legt er ein Teilgeständnis ab.

17. In der Nacht zum 17. 8. wird auf eine Unterkunft äthiopischer Asylanten in Lörrach ein Sprengstoffanschlag verübt. Zwei Äthiopierinnen werden dabei verletzt.

18. Die Deutsche Dampfschiffahrts-Gesellschaft (DDG) „Hansa" AG beantragt beim Amtsgericht Bremen ein Vergleichsverfahren.

18. Der polnische Parteichef Edward Gierek sagt wegen der Streikwelle in seinem Land das geplante Treffen mit Bundeskanzler Helmut Schmidt ab.

19. Sämtliche 40 Krabbenkutter des Elbe-Weser-Gebietes bleiben in den Häfen. Die Krabbenfischer fordern staatliche Subventionen für die Treibstoffkosten und garantierte Mindestpreise für Krabben.

20. Hamburgs Bürgermeister Hans-Ulrich Klose und Schleswig-Holsteins Ministerpräsident Gerhard Stoltenberg unterzeichnen in Hamburg bzw. Kiel den neuen Staatsvertrag über den NDR. Anschließend wird er per Kurier nach Österreich gebracht, wo ihn der niedersächsische Ministerpräsident Ernst Albrecht unterzeichnet.

21. Der Zentralbankrat der Deutschen Bundesbank beschließt eine Senkung der Mindestreserven um linear zehn Prozent. Die Leitzinsen Diskont und Lombard bleiben unverändert. Durch diesen Schritt werden im deutschen Bankwesen rd. 5,5 Milliarden Mark frei.

22. Wegen der Entwicklung der letzten Tage in Europa sagt Bundeskanzler Helmut Schmidt sein geplantes Treffen mit dem DDR-Staats- und Parteichef Erich Honecker ab.

24. Nach mehr als zweijähriger Pause liefert das Kernkraftwerk Brunsbüttel wieder Strom. Die Wiederinbetriebnahme ist vom schleswig-holsteinischen Verwaltungsgericht verfügt worden. Wegen eines Fehlers an einem Meßgerät und aufgrund einer Anordnung des Oberverwaltungsgerichts Lüneburg, die auf verfahrensrechtlichen Bedenken basiert, wird das Kraftwerk am 28. 8. bis zum 31. Oktober wieder abgeschaltet.

22. Bei einer Demonstration anläßlich einer Wahlkampfveranstaltung des Kanzlerkandidaten der CDU/CSU Franz Josef Strauß werden in Hamburg 102 Polizeibeamte und vier Demonstranten verletzt. Einer erliegt seinen Verletzungen.

28. Der Bundeswahlausschuß entscheidet über die Zulassung von 20 Parteien zur Bundestagswahl.

KULTUR

6. Der Vatikan kündigt offiziell eine Reise des Papstes in die Bundesrepublik an. Sie soll vom 15. bis zum 19. November dauern.

Der italienische Bildhauer und Maler Marino Marini (79) stirbt in Viareggio.

12. Der Schauspieler Willi Forst (79) stirbt in Wien, der Geiger Siegfried Borries (68) in Berlin.

19. Der sowjetische Geiger Gidon Kremer und seine Frau Elena geben ihren Beschluß bekannt, im Westen zu bleiben.

23. Hans Magnus Enzensberger wird beim internationalen Literatur-Treffen in Struga mit dem „Goldenen Kranz" geehrt.

26. Die Schauspielerin Rosa Albach-Retty (105) stirbt in Baden bei Wien.

31. Bei einem Besuch in der mittelitalienischen Stadt L'Aquila verurteilt Papst Johannes Paul II. erneut die Abtreibung.

WISSENSCHAFT

25. Der Kugelhaufen-Reaktor bei der Kernforschungsanlage Jülich, ein in der Bundesrepublik entwickelter Hochtemperatur-Reaktor von 15 Megawatt Leistung, hat seit der Inbetriebnahme Ende 1967 eine Milliarde Kilowattstunden Strom geliefert.

26. Die amerikanische Raumsonde „Voyager 1" hat erste Fotos vom Ringplaneten Saturn zur Erde gefunkt.

SPORT

1. Patrick Depailler (Frankreich) verunglückt am Steuer eines Alfa-Romeo-Rennwagens bei Testfahrten auf dem Hockenheimring tödlich.

3. In Moskau werden die Olympischen Sommerspiele abgeschlossen, bei denen die Sowjetunion mit 80 Gold-, 69 Silber- und 46 Bronzemedaillen aus 203 Wettbewerben erfolgreichste Nation ist. Die DDR stellt 47 Olympiasieger und erringt ferner 37 Silber- und 42 Bronzemedaillen. Im Verlauf der Spiele wurden insgesamt 53 Weltrekorde aufgestellt. Mit einer farbenprächtigen Schlußfeier vor 100 000 Zuschauern im Lenin-Stadion gehen die Spiele zu Ende, an denen 81 Nationen mit 8304 Sportlern teilnahmen.

10. Der Große Preis von Deutschland in der Formel I wird in Hockenheim von dem Franzosen Jacques Laffite in einem Ligier vor Carlos Reuteman (Argentinien) und Alan Jones (Australien), beide in einem Williams, gewonnen.

17. Ihren Rücktritt von der aktiven Leichtathletik erklärt die Olympiasiegerin von 1976, Annegret Richter.

Zum „Fußballer des Jahres" wird der Münchner Karlheinz Rummenigge gewählt. Mit 343 Stimmen liegt er deutlich vor Paul Breitner, der 81 Stimmen erhielt.

22. Alfred Neubauer, der frühere Rennleiter von Mercedes-Benz, verstirbt im Alter von 89 Jahren in seinem Wohnort Aldingen am Neckar.

31. Der zweimalige französische Tour-de-France-Gewinner Bernard Hinault gewinnt im Alpenort Sallanches die Straßen-Weltmeisterschaft der Radprofis.

Der Brasilianer Nelson Piquet gewinnt mit seinem Brabham den Großen Automobilpreis von Holland.

SEPTEMBER 1980

AUSLAND

3. Die oberschlesischen Bergarbeiter beenden ihren Streik, nachdem sie in Verhandlungen mit einer polnischen Regierungsdelegation die gleichen Zugeständnisse erreicht haben wie die Werftarbeiter in Danzig.

5. Der St.-Gotthard-Tunnel, mit knapp 7 km der längste Straßentunnel der Welt, wird nach elfjähriger Bauzeit eröffnet.

6. Der polnische KP-Chef Edward Gierek, der wegen eines Herzanfalls im Krankenhaus liegt, wird durch den bisherigen ZK-Sekretär Stanislaw Kania abgelöst.

10. Syrien und Libyen geben den vom libyschen Staatschef Muammar el-Gaddafi vorgeschlagenen Zusammenschluß zu einem einzigen arabischen Staat bekannt.

11. Bei der Volksabstimmung über eine neue Verfassung sprechen sich 69,14 Prozent der chilenischen Wähler für das neue Grundgesetz aus, das dem Staatspräsidenten Pinochet vom 11. März 1981 an für weitere acht Jahre den Verbleib im höchsten Staatsamt garantiert. Am Tag zuvor wurde der Ausnahmezustand in Chile um weitere 6 Monate verlängert.

12. Der iranische Revolutionsführer Khomeini nennt erstmals persönlich Bedingungen für die Freilassung der amerikanischen Geiseln: Rückerstattung des Vermögens des verstorbenen Schahs und der eingefrorenen iranischen Gelder in den USA sowie der Verzicht auf militärische und politische Interventionen in Iran.

In einem unblutigen Putsch übernimmt das Militär die Macht in der Türkei. Ein „Nationaler Sicherheitsrat" unter Führung von Stabschef General Kenan Evren entläßt die Regierung und löst das Parlament auf.

14. Mit der Weigerung des Chefpiloten der afghanischen Fluggesellschaft „Ariana Afghan", eine DC 10 zurück nach Kabul zu fliegen, geht am Frankfurter Flughafen die seit Monaten andauernde Massenflucht afghanischen Flugpersonals in den Westen zu Ende. Über 250 Piloten, Techniker und Stewardessen sind seit der sowjetischen Invasion in den Westen geflüchtet.

15. Die polnische Regierung beschließt ein drastisches Sparprogramm, mit dem bis Ende des Jahres zusätzlich zu den bereits verfügten Maßnahmen elf bis zwölf Milliarden Zloty (680 bis 750 Millionen Mark) eingespart werden sollen.

17. Der ehemalige Staatspräsident von Nicaragua, Anastasio Somoza (55), wird in seinem Exil in Asunción (Paraguay) ermordet.

Die Fischer im wichtigsten französischen Fischereihafen Boulogne-sur-Mer beenden ihren seit Anfang August andauernden Streik, der zu tagelangen Blockaden der meisten französischen Häfen geführt hatte.

Ein Militärgericht in Seoul verurteilt den Oppositionspolitiker Kim Dae Jung wegen Gründung staatsfeindlicher Organisationen und versuchten Umsturzes zum Tode.

Der 1975 geschlossene iranisch-irakische Grenzvertrag wird von irakischer Seite für null und nichtig erklärt. Dieser Schritt führt zu kriegerischen Auseinandersetzungen zwischen beiden Ländern.

19. Auslaufender Treibstoff führt in einem Atomraketen-Silo im amerikanischen Bundesstaat Arkansas zu einer Explosion. Ein Gebiet im Umkreis von 16 km wird evakuiert. Bei der Explosion werden 22 Luftwaffenangehörige verletzt, einer von ihnen stirbt.

21. Nach Angaben der indischen Presseagentur PTI haben die schweren Überschwemmungen der letzten Wochen fast 2000 Menschenleben gefordert.

27. Aufgrund einer Abstimmungsniederlage im Parlament über ein Wirtschaftsgesetz tritt die italienische Regierung unter dem christ-demokratischen Ministerpräsidenten Francesco Cossiga zurück.

INLAND

1. Bei einer bundesweiten Fahndungsaktion nach Mitgliedern rechtsradikaler Organisationen wird der frühere Rechtsanwalt Manfred Röder festgenommen.

2. Das Oberlandesgericht Düsseldorf verurteilt die frühere Sekretärin in der CDU-Bundesgeschäftsstelle, Ursula Höfs, wegen geheimdienstlicher Tätigkeit für die DDR zu einem Jahr und zehn Monaten Freiheitsstrafe.

3. Die Bundesanstalt für Arbeit legt ihren Bericht über den Arbeitsmarkt im August vor: Anstieg der Arbeitslosenzahl auf 864 500 (Quote: 3,7 %) 42 700 Kurzarbeiter, 323 800 offene Stellen.

5. Das Oberlandesgericht Düsseldorf verurteilt die beiden Terroristen Christof Wackernagel und Gert Schneider wegen versuchten Mordes an drei niederländische Polizeibeamten und wegen Mitgliedschaft in einer terroristischen Vereinigung zu je 15 Jahren Freiheitsstrafe.

Das Statistische Bundesamt beziffert den Preisauftrieb im August (verglichen mit dem Vorjahresmonat) auf 5,5 Prozent.

6. In Paris wird bekannt, daß der frühere Generalmajor der DDR-Luftwaffe, Heinz Bernhart Zorn, in der nordfranzösischen Stadt Lille wegen Spionage verhaftet wurde.

Der Verwaltungsrat des Norddeutschen Rundfunks (NDR) stimmt der Einführung von Hörfunkwerbung vom 1. Januar 1981 an zu.

7. In Mannheim wird auf dem Gewerkschaftstag der IG Chemie-Papier-Keramik der bisherige Vorsitzende Karl Hauenschild im Amt bestätigt.

8. In Berlin wird auf dem Gewerkschaftstag der Gewerkschaft der Eisenbahner Deutschlands (GdED) der bisherige Vorsitzende Ernst Haar in seinem Amt bestätigt.

11. Nach Angaben des Statistischen Bundesamtes hat sich das Wirtschaftswachstum in der Bundesrepublik im ersten Halbjahr gegenüber den Werten des Vorjahres verlangsamt: Das Bruttosozialprodukt erhöhte sich im ersten Halbjahr 1980 real um 3,6 Prozent (1. Halbjahr 1979: 4,7 %; 2. Halbjahr 1979: 4,4 %).

12. Der Innenausschuß des Bundestages beschäftigt sich mit angeblichen Pannen bei der Fahndung nach den mutmaßlichen Terroristen Christian Klar und Adelheid Schulz.

Der in der „Frankfurter Rundschau" vorab veröffentlichte Hirtenbrief der katholischen Bischöfe zur Bundestagswahl, der eine Ausweitung der staatlichen Tätigkeit und eine gefährlich hohe Staatsverschuldung kritisiert, führt zu einem heftigen parteipolitischen Streit.

Auf der spanischen Insel Mallorca wird der wegen dreifachen Mordes gesuchte Rolf Meixner nach rund zehnwöchiger Fahndung festgenommen.

14. In Wiesbaden wird auf dem Gewerkschaftstag der Gewerkschaft Handel, Banken und Versicherungen (HBV) der bisherige stellvertretende Vorsitzende, Günter Volkmar zum Vorsitzenden gewählt.

16. Ein Streik von bis zu 500 der insgesamt 3500 West-Berliner Bediensteten der DDR-Reichsbahn bringt den S-Bahnverkehr in der Stadt, den Güter- und zeitweise auch den Interzonenfernverkehr zum Erliegen.

17. Zwei in der DDR akkreditierte irakische Diplomaten, die ein Sprengstoffattentat auf kurdische Studenten in West-Berlin geplant haben sollen, werden ohne Gerichtsverfahren in ihre Heimat abgeschoben.

18. Der Zentralbankrat der Deutschen Bundesbank senkt den Lombardsatz mit Wirkung vom 19. 9. von 9,5 auf 9,0 Prozent. Dadurch wird die Liquidität der Banken verbessert.

25. Zwei DDR-Bürgern gelingt mit Hilfe von Leitern die Flucht über die Berliner Mauer. Der letzte spektakuläre Fluchtversuch in Berlin war am 7. 9. geglückt.

26. Bei einem Bombenanschlag auf dem Münchner Oktoberfest-Gelände kommen 13 Menschen ums Leben, 219 werden verletzt.

26. Ein Schweizer Schwurgericht in Winterthur verurteilt den deutschen mutmaßlichen Terroristen Rolf Clemens Wagner wegen Mordes zu lebenslänglich Zuchthaus. Wagner war nach einem Bankraub in Zürich festgenommen worden, eine Passantin war bei seiner Festnahme erschossen worden.

27. In der Bundesrepublik und den meisten anderen europäischen Ländern endet um 2.00 Uhr früh die am 6. April eingeführte Sommerzeit.

KULTUR

2. Nina Kandinsky, Witwe des Malers Wassily Kandinsky, wird als Opfer eines Mordanschlags tot in ihrem Haus in Gstaad aufgefunden.

11. Der Soziologe Prof. Jürgen Habermas erhält in der Frankfurter Paulskirche den Theodor-W.-Adorno-Preis (50 000 Mark).

16. Der Kinderpsychologe Jean Piaget (84) stirbt in Genf.

17. Der sowjetische Schriftsteller und Übersetzer Lew Ginsburg (59) stirbt in Moskau.

18. Die Jahrestagung des P. E. N-Zentrums Bundesrepublik Deutschland zum Thema „Literatur des Exils" beginnt in Bremen.

18. Der Schauspieler und Kabarettist Jo Herbst (52) stirbt in Berlin.

WISSENSCHAFT

5. Bei der Auswertung der Fotos von „Voyager 1" und „Voyager 2" entdecken US-Spezialisten den 16. Jupiter-Mond. Der Trabant mit der vorläufigen Bezeichnung "1980-J3" hat einen Durchmesser von 40 Kilometern.

16. Einige Kindernahrungsprodukte, die auf dem italienischen Markt angeboten wurden, enthalten Spuren des weiblichen Sexualhormons Östrogen, finden Wissenschaftler des staatlichen Zentrallabors in Rom heraus.

26. Eine Woche nach dem Start landet das Raumschiff „Sojus 38" mit den Kosmonauten Juri Romanenko (Sowjetunion) und Arlando Tamayo Mendez (Kuba) sicher in Kasachstan.

28. In der Bundesrepublik fehlen rund 8000 Psychoanalytiker, erklärt die Deutsche Gesellschaft für Psychotherapie, Psychosomatik und Tiefenpsychologie auf ihrer Jahrestagung in Göttingen.

SPORT

7. Der 21 Jahre alte Amerikaner John McEnroe gewinnt gegen Björn Borg die Internationale Tennis-Meisterschaft der USA und revanchiert sich damit für die Niederlage gegen den Schweden im Wimbledon-Finale.

Nachfolger von Welt- und Europameister Gerd Wiltfang als Deutscher Meister der Springreiter wird in München Paul Schockemöhle (Mühlen) auf Deister.

Der 37 Jahre alte Kölner Wilfried Peffgen gewinnt in Besancon zum dritten Mal nach 1976 und 1978 die Steher-Weltmeisterschaft der Radprofis.

10. Im ersten Länderspiel nach dem Gewinn der Fußball-Europameisterschaft besiegt die Bundesrepublik die Schweiz mit 3:2 (1:0). Das deutsche Team ist seit 20 Spielen ungeschlagen.

14. Der Brasilianer Nelson Piquet (Brabham) gewinnt den Großen Preis von Italien in Imola und übernimmt zwei Rennen vor Abschluß die Führung in der Fahrerweltmeisterschaft.

Mit fünf Titeln durch die Mannheimerin Petra Ernert (zwei), dem Bremerhavener Michael Butzke (zwei) sowie das Kieler Tanzpaar Gabriele Achenbach/Thorsten Carels beherrschen die deutschen Rollkunstläufer die Weltmeisterschaften im kolumbianischen Bogota.

17. Schwere Krawalle, die Fanatiker des englischen Fußball-Pokalsiegers Westham United beim Europapokalspiel in Madrid gegen den FC Castilla (1:3) anzetteln, fordern ein Todesopfer.

21. Bei den Europameisterschaften der Golf-Profis wird der Münchner Bernhard Langer Überraschungszweiter hinter dem Briten Bernard Gallacher.

Mit einem überragenden Franz Beckenbauer gewinnt Cosmos New York mit 3:0 (0:0) über den Gerd Müller-Klub Fort Lauderdale Strikers zum drittenmal in vier Jahren die nordamerikanische Fußball-Meisterschaft.

27. Im französischen Brioude gewinnt Italien die Trophy-Wertung der Sechstage-Fahrt für Motorräder und verteidigt damit seinen Weltmeister-Titel im Gelände-Sport. Das Team aus der Bundesrepublik gewinnt erstmals nach elf Jahren wieder den Wettbewerb um die Silbervase.

28. Deutschlands Box-Idol Max Schmeling feiert seinen 75. Geburtstag. Schmeling, der seinen Ruhm weniger mit dem Weltmeisterschafts-Gewinn 1930 gegen Jack Sharkey, als durch seinen k.o.-Sieg 1936 über Joe Louis begründete, flieht vor dem Geburtstagsrummel nach Österreich in den Urlaub.

Der 33 Jahre alte Australier Alan Jones wird in Montreal durch seinen Sieg im Großen Preis von Kanada Formel-1-Weltmeister.

OKTOBER 1980

AUSLAND

3. Bei einem Anschlag auf eine jüdische Synagoge werden in Paris vier Menschen getötet und mehrere verletzt.

4. Die von der Militärjunta gestürzte ehemalige bolivianische Staatspräsidentin Lidia Gueiler darf das Land verlassen. Sie will in Paris bei ihrer Tochter bleiben.

Auf dem niederländischen Kreuzfahrtdampfer „Prinsendam" bricht vor der Alaskaküste Feuer aus. Die insgesamt 524 Passagiere und Besatzungsmitglieder werden evakuiert. Das Luxusschiff sinkt am 11. 10.

5. Bei den Parlamentswahlen in Portugal erringt die Koalition des Ministerpräsidenten Francisco Sa Carneiro, „Demokratische Allianz", einen überraschend hohen Sieg.

6. Neben personellen Umbesetzungen beschließt das Zentralkomitee der polnischen Arbeiterpartei Vorbereitungen für eine umfangreiche Wirtschaftsreform und eine Demokratisierung der Partei. Aus dem ZK werden sechs Mitglieder der ehemaligen Parteiführung ausgeschlossen.

7. Der belgische König Baudouin nimmt das Rücktrittsgesuch der Regierung Martens an. Die Sechs-Parteien-Regierung war an der Verabschiedung eines Sanierungsprogramms für die belgische Sozialversicherung gescheitert.

8. Die Sowjetunion und Syrien schließen einen Freundschaftsvertrag. Der Vertrag, hat eine Laufzeit von zwanzig Jahren.

10. Nordalgerien wird von einem schweren Erdbeben heimgesucht, bei dem die Gegend von El Asnam zerstört wird.

12. Der iranische Religionsführer Ayathollah Khomeini setzt einen „Obersten Verteidigungsrat" ein, der mit der Führung sämtlicher Geschäfte beauftragt wird, die den Krieg gegen den Irak betreffen.

14. In der Nacht zum 14. 10. bestätigt das Plenum der UNO-Vollversammlung dem Pol-Pot-Regime der Roten Khmer das Recht, für das kambodschanische Volk in der UNO zu sprechen.

16. Der Präsident der Kommunistischen Partei Italiens, Luigi Longo, stirbt in Rom achtzigjährig an den Folgen eines Gehirnschlags.

18. Der italienische Christdemokrat Arnoldo Forlani stellt seine neue Regierung vor.

23. Eine Gasexplosion im Heizungskeller der staatlichen Schule von Ortuella bei Bilbao (Spanien) fordert 52 Menschenleben, 30 Personen werden verletzt.

23. Der sowjetische Ministerpräsident Alexej Kossygin tritt aus Gesundheitsgründen zurück.

24. Das Wojewodschaftsgericht in Warschau nimmt die Registrierung des neuen unabhängigen Gewerkschaftsbundes „Solidarität" vor, ändert jedoch einseitig dessen Statuten. Das führt zu erneuten Spannungen zwischen der Gewerkschaft und der Regierung.

Ein Erdbeben im Süden Mexikos macht zwei Orte dem Erdboden gleich.

25. Das griechische Parlament billigt die Rückkehr Griechenlands in die militärische Kommando-Struktur der NATO.

26. Zum ersten offiziellen Besuch eines israelischen Staatspräsidenten in Ägypten kommt das israelische Staatsoberhaupt Izchak Navon nach Kairo.

29. Eine Bombenexplosion im Pekinger Hauptbahnhof fordert neun Menschenleben. 81 Personen werden verletzt.

30. Der EG-Ministerrat einigt sich in Luxemburg auf einen Krisenplan für die Stahlindustrie, der verminderte Produktionsquoten bis zum 30. 6. 1981 vorsieht.

Der polnische Parteichef Kania und Ministerpräsident Pinkowski treffen in Moskau zu ihrem ersten „freundschaftlichen Arbeitsbesuch" ein.

Der frühere algerische Staatsminister Ahmed Ben Bella wird nach 14jähriger Festungshaft und 15monatigem Hausarrest auf freien Fuß gesetzt.

INLAND

1. Susanne und Sabine, Töchter des ZDF-Journalisten Dieter Kronzucker, und ihr Cousin Martin Wächter werden von ihren Entführern gegen ein Millionen-Lösegeld freigelassen.

NRW-Landwirtschaftsminister Otto Bäumer gibt die Entdeckung von Spuren künstlichen Östrogens in kalbfleischhaltiger Babynahrung bekannt.

2. Bundeskanzler Helmut Schmidt (SPD), Oppositions-Kanzlerkandidat Franz Josef Strauß (CSU), der CDU-Vorsitzende Helmut Kohl und der FDP-Vorsitzende Hans-Dieter Genscher präsentieren sich den Wählern in einer harten Fernsehdebatte. Die über dreieinhalbstündige Sendung wird von ARD und ZDF gemeinsam ausgestrahlt und von etwa 30 Millionen Menschen verfolgt.

Die Bundesanstalt für Arbeit legt ihren Bericht für September vor: Rückgang der Arbeitslosenzahl auf 822 600 (Quote: 3,5 %), 137 600 Kurzarbeiter, 299 100 offene Stellen.

5. Bei der Wahl zum 9. Bundestag wird die politische Konstellation in Bonn bestätigt: Die Regierungskoalition von SPD und FDP sichert ihre Mehrheit, die CDU/CSU-Opposition bleibt stärkste Bundestagsfraktion. Während die SPD ihren Stimmenanteil nur um 0,3 Pro-

zent verbessern kann. legt die FDP 2,7 Punkte zu. Die Union büßt 4,1 Prozent ein. Die Wahlbeteiligung liegt bei 88,6 Prozent.

Ergebnis:

SPD	42,9 %	218 Mandate
CDU	34,2 %	174 Mandate
CSU	10,3 %	52 Mandate
FDP	10,6 %	53 Mandate
Grüne	1,5 %	-
DKP	0,2 %	-
NPD	0,2 %	-
Sonstige	0,1 %	-

7. Die DDR feiert den 31. Jahrestag ihrer Staatsgründung in Ost-Berlin mit einer Militärparade.

Ein Ausstand beim Münchner Paketamt gibt das Signal für eine Serie von Warnstreiks, mit denen Mitglieder der Deutschen Postgewerkschaft Verbesserungen bei der Schichtarbeit erzwingen wollen.

8. Das Statistische Bundesamt beziffert den Preisauftrieb im September gegenüber dem Vorjahresmonat auf 5,2 Prozent (August: 5,5 %).

Aus Protest gegen die Militärregierung in ihrer Heimat besetzen türkische Kurden vorübergehend die Generalkonsulate ihres Landes in Essen und West-Berlin.

9. Die DDR erhöht überraschend und offenbar vor dem Hintergrund von Liberalisierungstendenzen in Polen den Zwangsumtausch für Westbesucher auf 25 Mark pro Tag ab 13. 10.

Wegen mehrerer Anschläge in den Jahren 1978/79 wird der Exilkroate Pero Sekerko vom OLG Stuttgart zu neun Jahren Freiheitsstrafe verurteilt.

10. Ein deutsches Bankenkonsortium unter Führung der Dresdner Bank gewährt Polen einen 1,2 Milliarden-Mark-Kredit. 800 Mio DM sind ungebunden, 400 Mio DM sind Hermes-verbürgt und werden durch Kohlelieferungen bis 1982 getilgt.

12. Der Gewerkschaftstag der Deutschen Postgewerkschaft in Berlin bestätigt Ernst Breit in seinem Amt als Vorsitzenden.

Der Gewerkschaftstag der IG Druck und Papier in Augsburg bestätigt den Vorstand mit Leonhard Mahlein an der Spitze im Amt.

13. In einer Grundsatzrede in Gera stellt SED-Generalsekretär Erich Honecker zwei Bedingungen für den weiteren Ausbau der deutsch-deutschen Beziehungen: Anerkennung einer eigenen DDR-Staatsbürgerschaft durch Bonn und Umwandlung der Ständigen Vertretungen beider Staaten in Botschaften.

Im Lorenz/Drenkmann-Prozeß vor dem Berliner Kammergericht werden die sechs Angeklagten zu Freiheitsstrafen zwischen fünf und 15 Jahren verurteilt. Die Beteiligung an der Entführung des CDU-Politikers Peter Lorenz 1975 erscheint dem Gericht erwiesen, vom Mord an Kammergerichtspräsident Günter von Drenkmann 1974 werden die Mitglieder der Gruppe „Bewegung 2. Juni" nach 206 Verhandlungstagen mangels Beweise freigesprochen.

Die Bundesanwaltschaft in Karlsruhe gibt die Festnahme von drei Ostblock-Agenten bekannt. Im weiteren Verlauf des Monats werden fünf weitere Spione verhaftet.

14. Der Bundesgerichtshof hebt das Urteil des Berliner Landgerichts vom 27. 7. 1979 im Prozeß um den Mord an dem Studenten Ulrich Schmücker auf. Danach muß der Fememord-Fall aus dem Jahre 1974 zum dritten Mal verhandelt werden.

16. Der Zentralbankrat der Bundesbank erhöht die Liquidität der Banken durch Anhebung der Rediskont-Kontingente um drei Milliarden Mark.

Das Bundesverfassungsgericht veröffentlicht ein Urteil, wonach Flüchtlingen das Asylrecht nur dann verweigert werden darf, wenn Verfolgungsmaßnahmen in seiner Heimat ausgeschlossen werden können.

17. Das DDR-Außenministerium untersagt drei Journalisten aus der Bundesrepublik die Berichterstattung über die Herbsttagung der evangelischen Kirche Sachsens in Dresden.

Dr. Hans Ehard, früherer bayrischer Ministerpräsident, stirbt im Alter von 92 Jahren in München.

21. Der hessische Verwaltungsgerichtshof in Kassel weist Klagen von Anliegergemeinden des Flughafens Frankfurt gegen den Bau einer dritten Startbahn ab.

22. Die DDR protestiert im Bonner Kanzleramt gegen das ab 1981 in neuer Form geplante gemeinsame Vormittags-Fernsehprogramm von ARD und ZDF. Sie sieht darin „neue Bestrebungen zur Einmischung" in DDR-Angelegenheiten.

23. Der Bundesgerichtshof hat zwei weitere Haftbefehle gegen Mitglieder der im September zerschlagenen rechtsterroristischen Vereinigung „Deutsche Aktionsgruppen" erlassen. Der Gruppe werden Anschläge, besonders gegen Ausländer, zur Last gelegt.

25. Die Bundesanwaltschaft gibt die Entdeckung einer konspirativen Wohnung in Heidelberg bekannt, in der sich die im Juli tödlich verunglückten RAF-Terroristen Juliane Plambeck und Wolfgang Beer aufgehalten haben sollen. In der Wohnung werden Pläne für die Fortsetzung terroristischer Aktivitäten gefunden.

27. Das in Bonn vorgelegte Herbstgutachten der fünf führenden Konjunkturforschungsinstitute geht davon aus, daß es 1981 kein Wirtschaftswachstum geben wird. Die Zahl der Arbeitslosen soll im Jahresdurchschnitt auf „reichlich 1,1 Millionen" steigen, die Preissteigerung wird auf 4,0 Prozent veranschlagt.

Der DDR-Ministerrat hat beschlossen, 1981 die Sommerzeit in der DDR nicht wieder einzuführen.

28. Die DDR-Regierung beschließt ab 30. 10. wirksame Beschränkungen des paß- und visafreien Grenzverkehrs mit Polen. Die Maßnahme steht im Zusammenhang mit der innenpolitischen Lage Polens.

KULTUR

4. Ein Symposium über afrikanische Literatur beginnt in Frankfurt (bis zum 6.).

6. Die 32. Frankfurter Buchmesse, die dem Schwerpunktthema „Schwarzafrika" gilt, wird eröffnet (bis zum 13.). Parallel dazu findet die vierte Gegenbuchmesse der Kleinverlage statt.

9. Der Nobelpreis für Literatur 1980 (378 000 Mark) wird dem Exilpolen Czeslaw Milosz zugesprochen.

10. Der sowjetische Germanist Lew Kopelew erhält zusammen mit seiner Frau ein Ausreisevisum.

12. Der nicaraguanische Lyriker und Priester Ernesto Cardenal erhält in der Frankfurter Paulskirche den Friedenspreis des Deutschen Buchhandels (25 000 Mark).

16. Die Schriftstellerin Christa Wolf aus der DDR erhält in Darmstadt den Georg-Büchner-Preis 1980 (20 000 Mark).

22. Das Gemälde „Mädchen auf der Brücke" von Edvard Munch wird in New York für den Höchstpreis von 5,2 Millionen Mark versteigert.

25. Die römische Bischofssynode im Vatikan zum Thema der christlichen Familie endet mit einer Bekräftigung der katholischen Sexual- und Ehemoral.

31. Zum Reformationstag weist der Berliner evangelische Bischof Martin Kruse darauf hin, daß die Christenheit eine größere Gemeinsamkeit brauche.

WISSENSCHAFT

10. Der Nobelpreis für Medizin wird an die Amerikaner Baruj Benacerraf und George Snell sowie den Franzosen Jean Dausset für neue Erkenntnisse der immunologischen Grundlagenforschung vergeben.

11. Die sowjetischen Kosmonauten Waleri Rjumin und Leonid Popow sind von dem bisher längsten, 185 Tage dauernden Raumflug der Geschichte aus der Raumstation Saljut 6 zur Erde zurückgekehrt.

14. Den Nobelpreis für Physik erhalten die Professoren James W. Cronin und Val L. Fitch (beide USA) für Arbeiten über das Verhältnis zwischen Materie und Antimaterie; der Nobelpreis für Chemie geht an die Professoren Paul Berg und Walter Gilbert (USA) sowie Frederick Sanger (Großbritannien), die für Forschungen über den Träger der Erbinformation im Organismus ausgezeichnet werden.

20. Dem venezolanischen Wissenschaftler Jacinto Convit ist die Entwicklung eines ersten Impfstoffs gegen Lepra gelungen.

Ein neues halbsynthetisches Penicillin, das sich mit seinem breiten Wirkungsspektrum vor allem gegen hartnäckige „Hospitalkeime" eignet, wird in München vorgestellt.

27. Auf der römischen Bischofssynode wird angekündigt, daß die Kirche den „Fall Galileo" wieder aufrollen wolle. Galileo Galilei war 1633 durch Spruch der Inquisition bei Androhung der Folter zum Widerruf seiner These gezwungen worden, daß sich die Erde um die Sonne bewege – nicht umgekehrt.

SPORT

2. Der Versuch von Muhammad Ali, zum vierten Male Schwergewichts-Boxweltmeister zu werden, scheitert.

12. Walter Röhrl/Christian Geistdörfer (Regensburg/München) gewinnen in einem Fiat 131 die Rallye San Remo und werden damit als erste Deutsche Rallye-Weltmeister.

13. Karl-Heinz Heddergott, der erst am 17. April die Nachfolge von Hennes Weisweiler als Trainer des 1. FC Köln antrat, trennt sich „in beiderseitigem Einvernehmen" vom Kölner Fußball-Bundesliga-Klub.

14. Im bisher teuersten Fußball-Transfer eines deutschen Spielers wechselt Bernd Schuster vom 1. FC Köln zum FC Barcelona. Die Ablösesumme für den zehnfachen deutschen Nationalspieler, der auch mit Cosmos New York geliebäugelt hatte, soll 3,6 Millionen Mark betragen.

31. Franz Beckenbauer kehrt nach Deutschland zurück. Der 103fache deutsche Nationalspieler, der vor dreieinhalb Jahren vom FC Bayern München zum nordamerikanischen Meister Cosmos New York wechselte, spielt in Zukunft für den Hamburger SV.